GianLuca DeMichelis

# Introduzione ai Sistemi Real Time

ISBN:978-1-4716-0021-0

# Ringraziamenti

Nella stesura di un testo, sono molte le componenti che concorrono alla riuscita dell'opera, in queste poche righe mi limiterò a citare le persone che hanno contribuito alla nascita dell'idea, all'elaborazione ed al completamento del libro che avete in mano.

Desidero ringraziare il professore Angelo Serra del Politecnico di Torino, per avermi introdotto alle problematiche real time ed ai sistemi embedded; un ringraziamento va all'amico Guido Imperiale, per la revisione puntuale ed attenta delle prime bozze del libro (grazie a lui un notevole numero di errori ed inesattezze è stato eliminato, eventuali imprecisioni rimaste sono da attribuire interamente a me); ringrazio Paolo Ferrero per le immagini.

Un enorme ringraziamento va infine a mia moglie Daniela ed alla nostra piccola Federica, per il loro supporto e per l'enorme pazienza dimostrata (da entrambe) in questi mesi.

GianLuca DeMichelis – Torino, aprile 2007

# Indice generale

# Introduzione

> UNIX was not designed to stop you from doing stupid things,
> because that would also stop you from doing clever things.
>
> Doug Gwyn

Quando si parla di tempo reale è opportuno innanzitutto chiarire in quale accezione sono usati i termini che qualificano le caratteristiche dei sistemi operativi trattati: la definizione di "real time" comprende due grandi categorie, corrispondenti a differenti campi di applicazione del sistema: si parla di "soft real time" (tempo reale lasco) quando è richiesta una temporizzazione dell'esecuzione di un processo precisa in media, vale a dire che è tollerata la perdita di eventi, ma l'esecuzione media del processo in tempo reale è garantita nei tempi programmati. Questo tipo di sistema supporta bene applicazioni orientate al multimedia, videoconferenze, streaming audio o video.

I sistemi "hard real time" (tempo reale stretto) sono progettati per garantire che ogni singolo evento, ovvero ogni singola istanza o esecuzione del task in tempo reale avvenga entro la temporizzazione prevista, mantenendo l'errore sul singolo evento entro i margini programmati; le applicazioni di questi sistemi riguardano tipicamente i controlli automatici o la registrazione di dati in eventi fisici rapidi o impulsivi.

Questo testo si pone l'obiettivo di effettuare l'analisi descrittiva di un sistema operativo in tempo reale stretto, introducendo i concetti di base relativi alla schedulazione, alle problematiche prestazionali delle *facilities* IPC, ed infine offrendo al lettore un supporto per l'installazione ed il test di un ambiente di sviluppo hard real time basato su RTAI-Linux.

Si presume che il lettore abbia famigliarità con il linguaggio di programmazione C e che abbia almeno un'idea di massima su come funziona un sistema operativo. In bibliografia sono citati numerosi testi, al lettore meno esperto consigliamo senza dubbio il testo di Tanenbaum e Woodhull per quanto riguarda i sistemi operativi, e l'imprescindibile Kernighan e Ritchie per quanto riguarda la programmazione C.

Lo sviluppo di applicazioni real time su macchine x86 richiede un ambiente di sviluppo e di test che garantisca da una parte una serie di *tools* per l'editing, la compilazione ed il *debug*, e dall'altra uno scheduling di tipo strettamente pre-emptive per verificare sul campo la correttezza e le *performance* del codice scritto: nessun sistema operativo *general purpose* può offrire questo tipo di prestazioni, quindi ci si è rivolti verso alcune varianti del kernel Linux, opportunamente modificato per la gestione di task in tempo reale.

La parte di ricerca dell'opportuno ambiente operativo per lo sviluppo di applicazioni critiche porterà al tratteggio di un quadro d'insieme dei meccanismi software che governano la schedulazione dei processi e dei thread, principalmente in ambito Unix, con un breve sguardo alle API offerte dai sistemi Microsoft ed alle principali norme POSIX.

La descrizione di una tecnologia di comunicazione tra più macchine in grado di soddisfare i vincoli richiesti in applicazioni real time occuperà un capitolo: si introdurranno concetti di programmazione di moduli per il kernel con prestazioni real time; si prenderà in esame, come tecnologia base di comunicazione, l'utilizzo un framework di rete in tempo reale su hardware Fast-Ethernet, e se ne analizzeranno le prestazioni all'interno del progetto esemplificativo di controllo automatico.

## *Perché UNIX?*

Nel resto del libro sarà fatto ampio riferimento alla famiglia di sistemi operativi di tipo unix, in particolar modo a GNU/Linux che, tra i vari flavour di unix, ha due grandi pregi:
1. ha un supporto estremamente esteso per l'hardware di comune reperibilità
2. è software libero, rilasciato secondo i termini della licenza GNU GPL[1]

Unix è un sistema operativo sviluppato originariamente negli anni '60 e '70 da un gruppo di ricerca presso i Bell Labs della AT&T. Nel corso del tempo lo sviluppo di Unix si è ramificato in numerosi progetti, alcuni dei quali sono nati dal codice sorgente originale (per questioni di copyright molti di questi sistemi hanno dovuto progressivamente sostituire e riscrivere ogni componente software), mentre altri sono sorti ispirandosi alla filosofia unix e fornendo le funzionalità di un sistema unix (le API, application programming interface).

Unix fu progettato per essere portabile, multi tasking e multi utente; per citare le parole di Douglas McIlroy, l'inventore delle pipe:

> This is the Unix philosophy: Write programs that do one thing and do it well. Write programs to work together. Write programs to handle

---

1    La licenza GNU GPL, ideata da Richard M. Stallman, è riportata in appendice 4

| text streams, because that is a universal interface. |
| --- |

Questa massima viene spesso abbreviata con la frase "Do one thing, do it well".

Uno degli aspetti chiave del progetto alla base di Unix fu che il sistema fosse totalmente orientato ai file di testo ASCII e che l'unità di informazione della macchina (la cosiddetta *word*) fosse un multiplo di 8bit; l'intero sistema operativo era configurato attraverso files di testo, il minimo comune denominatore dell'I/O era il byte; fu questo approccio a rendere le pipe così importanti in unix, in quanto esse permettevano la cooperazione di programmi differenti, redirigendo l'output di un programma all'ingresso di un altro programma.

L'attenzione posta al tipo di file (file di testo anziché binari) e alla dimensione dell'unità di informazione (bytes, gruppi di 8 bit) resero il sistema scalabile e portabile.

Esiste uno standard di definizione per i sistemi operativi di tipo Unix: si tratta della norma POSIX; scrivendo programmi che facciano uso esclusivo di chiamate standard Posix diventa semplice portare il proprio software su ogni macchina con un sistema operativo Posix-compliant[2].

Al giorno d'oggi esistono numerosi sistemi operativi che si basano dichiaratamente sulle API Unix storiche e sulla filosofia unix; citiamo tra gli altri: Sun Solaris, Apple MacOSX, FreeBSD, OpenBSD, NetBSD, GNU/Linux, Minix, HP-UX, Tru64 Unix, IBM AIX, Sgi IRIX....

---

2  Benché le norme Posix coprano un grande numero di differenti aspetti di un sistema operativo, nella pratica è estremamente difficile sviluppare applicazioni complesse che riescano ad evitare l'uso di API non standard, o che non poggino in qualche modo su funzionalità legate ad uno specifico sistema o ad una specifica architettura hardware.

# Parte prima

# 1. Processi e thread

> I wanted to separate data from programs,
> because data and instructions are very different.
> Ken Thompson

## I processi nei sistemi operativi moderni

Definiamo job una procedura che debba essere eseguita da un sistema di elaborazione, il termine era molto usato all'epoca dei sistemi batch; recentemente si intende con job un programma in esecuzione sul sistema.

Per processo o task si intende una sequenza di istruzioni che, in assenza di altre attività, viene eseguita dal processore in modo continuativo fino al suo completamento.

In questo testo il termine *processo* verrà generalmente utilizzato per definire l'esecuzione in user space di un programma non real time.

Il processo è l'unità di esecuzione di un sistema operativo multiprogrammato.

Definiamo **attivo** un processo potenzialmente in grado di eseguire su un processore; un processo attivo in attesa di un processore (occupato nell'esecuzione di un altro processo) viene definito **pronto** e accodato in una coda di attesa detta *ready queue*.

Il processo che occupa la CPU viene indicato come processo **in esecuzione**.

L'insieme delle regole che determinano l'esecuzione di un processo pronto presente nella *ready queue* costituisce l'algoritmo di schedulazione.

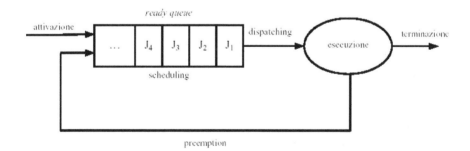

*Figura 1*

In generale un processo è composto da cinque parti fondamentali:
    1. segmento codice

2. segmento dati
3. stack
4. descrittori files I/O
5. tabelle dei segnali.

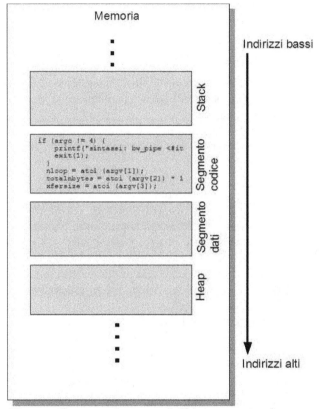

*Figura 2: occupazione della memoria da parte di un processo*

Lo scheduling dei processi genera un notevole sovraccarico di sistema quando viene effettuato lo switch: tutte le tabelle devono essere sostituite dal processore ad ogni task switch.

L'unica maniera per condividere informazioni tra i processi è dunque quella di usare IPC come le pipe, oppure tecniche di shared memory; entrambi questi approcci hanno vantaggi e svantaggi, che vedremo più approfonditamente nel capitolo dedicato alle IPC.

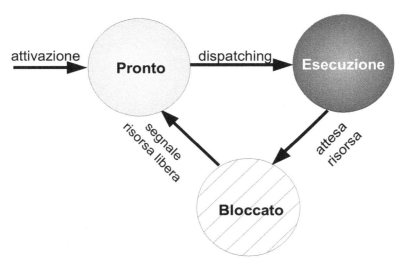

*Figura 3: stati di un processo*

Nella figura 2 è rappresentato il diagramma dei possibili stati di un processo. In un sistema operativo che non implementi un meccanismo di revoca della CPU (pre-emption) il processo in esecuzione rimane tale fino al completamento della sua elaborazione (nel caso di uno scheduler di tipo FIFO)[3].

Al contrario, un processo in esecuzione su un sistema con pre-emption continua a girare fino al termine del suo quanto di tempo (in uno scheduling di tipo Round Robin).

Se il sistema operativo ospite implementa la pre-emption, è possibile che il processo in esecuzione venga interrotto prima che abbia terminato il suo compito (o comunque prima che rilasci spontaneamente la CPU perché in attesa di I/O, di un segnale,...) per assegnare il processore ad un processo a priorità superiore, o per gestire l'arrivo di un interrupt attraverso l'esecuzione un opportuno handler (si veda la figura 3).

Nella teoria classica dei sistemi operativi, se un processo genera un figlio con una chiamata `fork()`, il sistema duplica gli spazi di indirizzamento dati e codice, replicando il codice del padre nello spazio del processo figlio.

In realtà, nell'implementazione del kernel Linux, nel momento in cui viene effettuata una fork, non si ha una immediata allocazione di memoria per i dati e per il codice del nuovo processo creato: viene allocato lo spazio di memoria dedicato ai dati solo

3 in realtà è pensabile l'implementazione di una modalità di rilascio spontaneo della CPU da parte dei processi anche in sistemi senza pre-emption

quando uno dei due processi effettua una scrittura in memoria (ovvero non appena i due spazi dati, quello del padre e quello del figlio, differiscono).
Inoltre le routine di libreria comuni a più processi non vengono duplicate, ma collegate dinamicamente al codice del nuovo processo.

Il codice, invece, viene duplicato solo nel caso in cui il processo figlio faccia una chiamata di sistema della famiglia `exec()`, ovvero soltanto se lo spazio del codice viene sovrascritto.

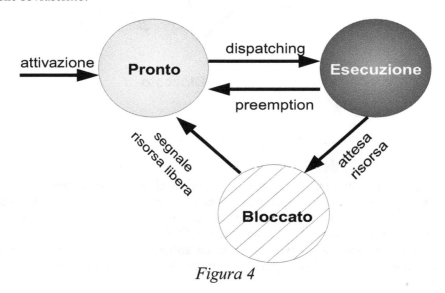

*Figura 4*

Come tutti i sistemi operativi derivati da Unix, Linux è multiprogrammato, vale a dire che può gestire l'esecuzione contemporanea di più programmi, commutando rapidamente tra di essi, in modo da far sembrare l'esecuzione dei programmi stessi simultanea.
Questo meccanismo naturalmente viene implementato attraverso i processi; il processo unix è una entità software che risiede in memoria dall'inizio dell'esecuzione di un programma, sino al suo termine. Purtroppo per compiti legati strettamente alla temporizzazione, la gestione classica dei processi in un ambiente *general purpose* è spesso troppo pesante e macchinosa: in sostanza non è adeguata a garantire il rispetto di dati vincoli temporali.
L'introduzione dei thread ha portato un sostanziale alleggerimento del task switching, che in ambiti soft real time può migliorare le prestazioni del sistema, pur non garantendo di per sè l'applicabilità in ambienti strettamente in real time.

## *Introduzione ai thread*

Il thread è un percorso di esecuzione all'interno di un processo. Secondo questa definizione, ogni processo possiede almeno un thread, nel caso in cui il processo non gestisca differenti thread, l'unico thread coincide con il suo processo.

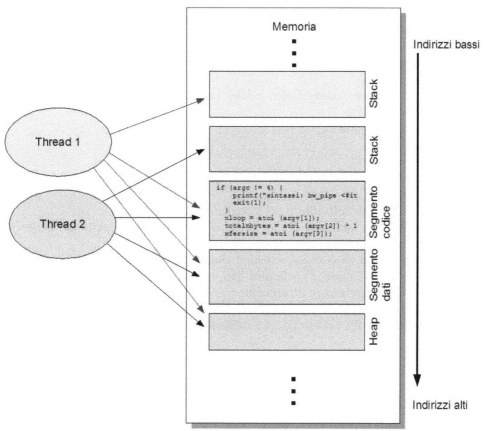

*Figura 5: thread in memoria*

I thread sono talvolta definiti "processi leggeri": più thread possono esistere all'interno di uno stesso processo, e la suddivisione di compiti attraverso la generazione di thread, piuttosto che attraverso il forking di processi, permette spesso migliori performance: i thread riducono il carico per il processore condividendo parti fondamentali; in questo modo lo switch tra thread appartenenti allo stesso processo avviene in modo più' efficiente rispetto allo switch tra processi distinti.
Inoltre, la condivisione di informazioni   risulta facilitata, poiché i thread di un processo condividono lo spazio di indirizzamento dati.

In sistemi operativi come SunOs e Solaris, il thread è generalmente chiamato LWP (light-weight process), dove la leggerezza va intesa nel senso del carico di CPU.

In dettaglio, i thread appartenenti allo stesso processo condividono:
> le variabili globali e *static*
> i descrittori di file
> la coda di segnali
> l'area di codice
> lo heap

ma ogni thread si differenzia dagli altri poiché ha:
> il proprio status
> il program counter
> i registri
> la *signal mask*[4]
> lo stack.

I vantaggi prestazionali dell'utilizzo dei thread sono i seguenti:
> il tempo di creazione di un thread è una frazione rispetto al tempo di creazione di un processo
> un'operazione di context switching che debba salvare soltanto i registri del processore, lo stack e pochi altri dati, sarà generalmente più rapida rispetto ad un completo switch tra processi
> la comunicazione ed il passaggio di dati fra thread è estremamente più rapido rispetto alle IPC classiche, che richiedono tipicamente almeno due system call.

per queste ragioni l'utilizzo estensivo di thread può rappresentare una soluzione quando si cerca di ottimizzare l'utilizzo della CPU limitando il carico del dispatcher.

## *Quale approccio adottare?*

I thread sono da preferire ai processi quando si desidera elaborare in modo concorrente una stessa struttura dati, ad esempio quando un'applicazione deve gestire la GUI, mentre si occupa in background di altre operazioni (stampa, formattazione del testo, ricalcolo di spreadsheet, ecc...).
Con le CPU multi-core di nuova generazione, la suddivisione in thread di un programma migliorerà sensibilmente i tempi di elaborazione; lo scheduler si occuperà

---

4 ogni thread ha una sua signal mask solo in Linux, questo non vale in generale per gli altri sistemi di tipo unix

di assegnare ad ogni CPU un diverso thread, massimizzando il throughput.

I processi sono generalmente usati per applicazioni che richiedono operazioni concorrenti con un grado inferiore di "accoppiamento", in cui alcuni dati vengono passati tra i processi, ma non è necessario l'accesso contemporaneo e diretto a grandi strutture dati.
Un ulteriore vantaggio dell'approccio tramite processi è la loro indipendenza in caso di crash: qualora un processo dovesse andare in blocco, la separazione degli spazi di indirizzamento consente di mantenere l'integrità degli altri processi in esecuzione.

Una possibilità per differenti processi di operare direttamente su dati condivisi è l'impostazione di uno o più segmenti di memoria condivisa, il che però apre una serie di problematiche di sincronizzazione che se non correttamente gestite possono portare a situazioni di deadlock o alla corruzione della memoria condivisa.

## Thread in user space ed in kernel space

Il supporto per i thread dipende dall'ambiente software di riferimento: può essere fornito a livello utente o dal kernel.
Gli user thread sono gestiti nello spazio utente, senza il supporto del kernel: sono thread per la cui gestione non vengono effettuate chiamate di sistema; il kernel del sistema operativo non si occupa di essi e non è consapevole della loro presenza (si veda la figura 9).
Le API per la gestione di user thread vengono fornite da opportune librerie, il cui codice e le cui strutture dati sono residenti nello spazio utente.

I kernel thread, al contrario, sono gestiti e supportati direttamente dal sistema operativo, che deve fornire le API per la loro creazione, sincronizzazione e chiusura; il kernel è consapevole della presenza dei thread e si occupa della loro schedulazione (si veda la figura 10).

Esistono naturalmente numerose librerie per la gestione di kernel thread: un esempio è dato dalla libreria Win32 di Microsoft per i thread, che fornisce ai sistemi operativi Windows le funzionalità di gestione dei thread a livello kernel.

### Modello molti-a-uno

Il modello multi-a-uno riunisce molti thread di livello utente in un unico kernel thread. La gestione dei thread è fatta dalla libreria nello spazio utente, pertanto è piuttosto efficiente; si ha però il blocco dell'intero processo se il thread esegue una chiamata di sistema bloccante.
Inoltre, siccome solo un thread per volta può accedere al kernel, non è possibile

eseguire thread multipli in parallelo su più processori.

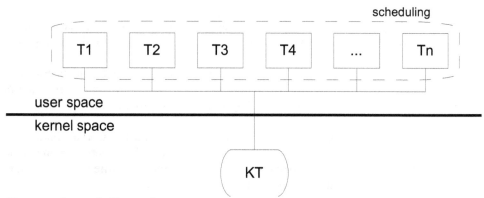

*Figura 6: modello molti a uno*

La libreria *Green threads* per Solaris, la libreria *GNU Portable Threads* e la libreria *LinuxThreads* (resa obsoleta dall'introduzione di *NPTL*) utilizzano questo modello di gestione dei thread.

Il modello molti a uno corrisponde generalmente ad un'approccio ai thread a livello utente.

## Il modello uno-a-uno

Il modello uno-a-uno mappa ciascun thread utente in un kernel thread. Questo modello fornisce maggiore concorrenza del modello multi-a-uno: permette cioè ad un altro thread di essere in esecuzione mentre un thread esegue una chiamata di sistema bloccante; inoltre consente che più thread siano eseguiti in parallelo su più processori.

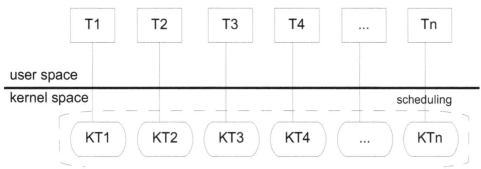

*Figura 7: modello uno a uno*

L'unico inconveniente in questo modello è che creare un thread utente richiede la creazione di un corrispondente thread nel kernel. Siccome l'overhead della creazione dei kernel thread può gravare sulle prestazioni di un'applicazione, molte implementazioni di questo modello limitano il numero thread supportati dal sistema. Linux, insieme alla famiglia dei sistemi operativi Windows – Windows 95/98/NT/2000/XP – implementa il modello uno-a-uno.

Questo modello rappresenta il comportamento di sistemi che supportano i kernel thread.

## Il modello molti-a-molti

Il modello molti-a-molti aggrega molti thread a livello utente verso un numero più piccolo o equivalente di kernel thread.
Il numero di thread può essere specifico di una particolare applicazione o di una particolare macchina (su un sistema multiprocessore possono essere allocati per un'applicazione più kernel thread rispetto a quanto accade su un sistema su un singolo processore).
Benché il modello molti-a-uno permetta allo sviluppatore di creare tanti thread utente quanti ne desidera, non si può avere una effettiva concorrenza, perché il kernel può schedulare un solo thread alla volta. Il modello uno-a-uno permette una maggiore concorrenza, ma lo sviluppatore deve fare attenzione a non creare troppi thread dentro

l'applicazione (e in alcuni casi può essere limitato da vincoli di memoria imposti dal sistema operativo nel numero di thread che può creare).

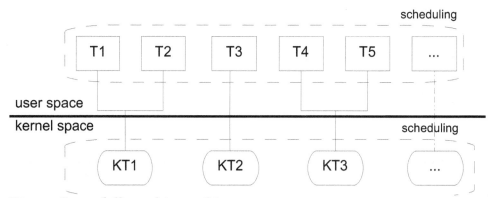

*Figura 8: modello molti a molti*

Il modello molti-a-molti non soffre di nessuna di queste due limitazioni: gli sviluppatori possono creare tutti i thread necessari, e i corrispettivi thread del kernel possono essere eseguiti in parallelo su una macchina multiprocessore, inoltre, quando un thread esegue una chiamata di sistema bloccante, il kernel può schedulare un altro thread per l'esecuzione; il prezzo di questa flessibilità sta nella complessità implementativa del modello.

Una variante popolare del modello molti-a-molti mappa anch'essa molti thread di livello utente verso un numero più piccolo o equivalente di kernel thread, ma permette anche di associare un thread di livello utente a un kernel thread.

Questa variante, cui a volte ci si riferisce come modello a due livelli (two-level-model) è supportata da alcuni sistemi operativi unix-like come IRIX, HP-UX e Tru64 UNIX. Il sistema operativo Solaris supportava il modello a due livelli nelle versioni precedenti a Solaris 9, ma a partire da quest'ultima utilizza il modello uno-a-uno.

## *User-space thread: cooperative multitasking*

Gli user thread gestiscono da soli le loro tabelle, ovvero esistono nella specifica libreria che li supporta delle opportune strutture dati che forniscono le funzioni di sincronizzazione: spesso questo è detto "cooperative multitasking", dove il task definisce una serie di routines che vengono messe in esecuzione tramite la manipolazione dello stack.

In user space, un thread può cedere la CPU chiamando uno switch esplicito, mandando un segnale o eseguendo un'operazione che coinvolge lo switcher. In ogni caso, un segnale timer può forzare lo switch.

I thread di questo tipo possono generalmente effettuare uno switch più rapido rispetto ai kernel thread (nel caso di Linux, i thread in kernel-space hanno prestazioni prossime a quelli in user-space).

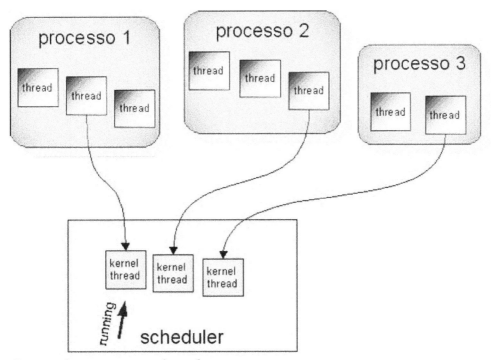

*Figura 9: user-space thread*

Gli svantaggi di questa gestione dei thread sono principalmente tre: innanzitutto c'è il problema che un singolo thread può monopolizzare il timeslice del task, a discapito degli altri thread appartenenti allo stesso processo; poi, con questo tipo di thread, non c'è modo di avvantaggiarsi di macchine SMP, ovvero non è possibile distribuire i thread appartenenti allo stesso processo su più' processori in quanto il kernel non è consapevole della presenza di più thread per quel dato processo; infine, quando un thread si blocca in attesa di un'operazione I/O, tutti gli altri thread del processo perdono il *timeslice*.

A questi problemi è stata trovata una parziale soluzione attraverso l'utilizzo di particolari librerie software, e di un monitor che gestisca la temporizzazione dei thread.

## *Kernel-space thread*

I kernel thread sono spesso implementati utilizzando diverse tabelle: ogni task ha una tabella di thread. In questo caso, il kernel schedula ogni thread all'interno del timeslice del processo cui appartiene.

C'è un leggero sovraccarico nello switch user->kernel->user e nel caricamento di grandi quantità di dati, ma misure di performance (su sitemi GNU/Linux) hanno evidenziato rispetto agli user-thread un incremento non significativo dei tempi.

Poiché è il clock che determina i tempi di switch, è più difficile che un thread si impossessi del timeslice degli altri thread del task.

Nello stesso modo, il fatto che un thread si blocchi in attesa di I/O non rappresenta un problema per gli altri thread appartenenti allo stesso task. Infine, la presenza di più processori (SMP) avvantaggia questo tipo di thread, che possono essere schedulati su diverse CPU, migliorando le prestazioni del sistema.

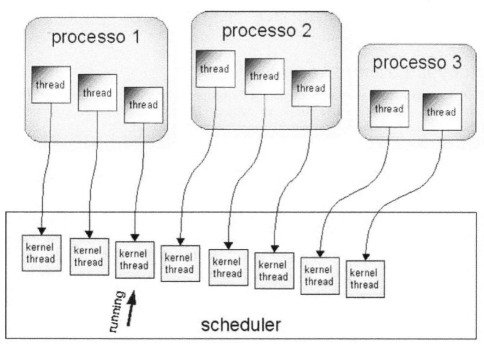

*Figura 10: kernel-space thread*

Dato che, nella pratica, non ci sono significative differenze nelle prestazioni tra user e kernel threads, gli unici vantaggi che può portare alla scelta di usare thread in user-space sono l'utilizzo del cooperative multitasking, di cui si è parlato nel paragrafo precedente, e la semplicità di debugging, essendo l'applicazione interamente nello spazio utente.

Dato che i threads in kernel-space sono dei singoli task che condividono diverse parti, la questione è: come sono associati i threads al padre, e come si accede ad essi? Ci sono due modi per farlo: attraverso il linguaggio di programmazione o attraverso il kernel.

## *Accesso tramite linguaggio*

Ci sono diversi linguaggi che supportano nativamente i thread, il più noto dei quali è forse Java. Con questi linguaggi sono distribuite librerie che offrono costrutti per programmare e gestire singoli thread. Nello specifico caso di Java, l'implementazione reale dei thread dipende dal sistema operativo ospite in cui si esegue la JVM (Java Virtual Machine): è possibile che questa sia mappata sulla libreria presente sul sistema, come per esempio la libreria Win32, oppure un'implementazione locale della libreria POSIX Pthread, o ancora una libreria differente, specifica dell'architettura ospite.

## *Accesso tramite kernel*

Il PID, Process Identifier, è un numero a 32 bit univoco, attraverso cui si accede ai processi; in ambiente unix se non viene usata la chiamata CLONE_PID, ogni thread ottiene un suo proprio PID, esattamente come un altro processo.

Se il PID deve essere condiviso, il kernel usa i 16 bit superiori per assegnare il TID (thread Id).

I thread vengono dunque identificati univocamente nel sistema con la coppia PID. TID.

Ogni processo ha almeno un thread (il thread principale o padre). Ad ogni thread viene assegnato un TID a partire da 1 (il padre). Il TID = 0 sta ad indicare tutti i thread di quel processo, ed è stato introdotto per indicizzare non solo il thread principale di un processo, ma tutti i thread generati in quello specifico spazio di indirizzamento.

## Thread secondo la norma POSIX: i Pthread

Lo standard POSIX per i sistemi operativi definisce un'API estesa per la gestione dei thread, implementata praticamente da ogni sistema operativo di tipo unix, seppure con differenti gradi di completezza.

Come vedremo nel capitolo dedicato alla norma POSIX, i pthread si basano sullo standard IEEE 1003.1c; vengono definite API per la creazione e la sincronizzazione dei thread, e non è specificata la modalità per la loro realizzazione: i progettisti di sistemi operativi possono implementare la specifica nel modo che desiderano.

Numerosi sistemi tra cui Solaris, Linux, True64 UNIX e MacOS X, implementano una specifica pthread, e sono disponibili implementazioni di pubblico dominio anche per i vari sistemi operativi Microsoft Windows.

> Nota: tutti i programmi che usano i pthread devono includere un file di intestazione (il file header) che definisca le interfacce alle chiamate Posix.
> Il nome di questo header è generalmente "`pthread.h`".

L'istruzione `pthread_t tid` dichiara l'identificazione per il thread che sarà creato.

Ciascun thread ha un insieme di attributi, che comprendono la dimensione dello stack e le informazioni di schedulazione.

L'implementazione dei pthread in Linux non è la più completa; nei kernel precedenti la serie 2.6, benchè non ci fosse un reale supporto a livello kernel per i thread, questi potevano essere gestiti in user space attraverso la libreria LinuxThreads, che implementava un sottoinsieme delle specifiche pthread.

In seguito due progetti ereditarono gli obiettivi di LinuxThreads: la libreria NGPT (Next Generation POSIX Threads), tra i cui sponsor citiamo l'IBM, e NPTL (Native Posix Thread Library), una libreria nata da sviluppatori RedHat che risolve tutti i più importanti problemi di conformità a Posix e che generalmente è già presente nelle distribuzioni Linux più recenti.

I sistemi operativi in tempo reale che vedremo nel seguito, RTLinux e in particolare dettaglio RTAI, forniscono entrambi un'implementazione soddisfacente (ma non completa) per le funzionalità thread POSIX.

# Java Thread

Si tratta dei thread implementati nel linguaggio Java ed eseguiti all'interno della Java Virtual Machine(JVM); la schedulazione di processi Java, poiché le specifiche della JVM[5] non descrivono un preciso schema di schedulazione, dipende dall'implementazione della JVM fatta sul determinato sistema operativo, e dallo hardware in cui si eseguono i processi.

Java è uno dei pochi linguaggi che fornisce supporto a livello del linguaggio per la creazione e la gestione dei thread.

In generale, il supporto per i thread può essere fornito a livello utente con una libreria C come Pthread; inoltre, una buona parte dei sistemi operativi recenti fornisce nativamente il supporto per i thread a livello del kernel.

Comunque, poiché i java thread sono gestiti dalla Java Virtual Machine, e non da una libreria a livello utente o dal kernel, è difficile classificare i thread di Java come di livello utente o di livello kernel.

Tutti i programmi Java comprendono almeno un singolo thread di controllo. Anche un semplice programma Java che consiste del solo metodo `main()` viene eseguito come thread singolo nella JVM. Inoltre Java fornisce i comandi che permettono allo sviluppatore di creare e manipolare, all'interno del programma, altri thread di controllo.

## Gli stati di un Java thread

Un thread di Java può essere in uno dei quattro seguenti stati.

> *Nuovo [new]*: un thread è in questo stato quando viene creato un oggetto per il thread (ossia dopo il comando new).

> *Eseguibile [runnable]*: chiamando il metodo `start()` si alloca la memoria del nuovo thread nella JVM, e si chiama il metodo `run()` sull'oggetto thread. Quando quest'ultimo metodo viene invocato, il thread si sposta dallo stato nuovo a quello eseguibile, divenendo eleggibile per l'esecuzione nella JVM. Si noti che Java non distingue tra un thread ready (ovvero eleggibile per l'esecuzione) e un thread running (ovvero che è attualmente in

5 Una Java Virtual Machine (JVM) è un'astrazione di calcolatore, che fornisce un'interfaccia comune, indipendente dalla macchina reale sottostante, e che consente a tutti gli applicativi Java di essere eseguiti nel medesimo tipo d'ambiente. I sorgenti Java sono quindi semi-compilati in un "bytecode" specifico delle JVM, che provvedono ad eseguire, in modalità interpretata, le loro istruzioni. Sebbene questo sistema consenta ad ogni bytecode, di essere riconosciuto da ogni JVM in esecuzione su qualsiasi tipo di macchina, le prestazioni di un linguaggio interpretato sono inferiori a quelle ottenibili da un codice compilato specificatamente per un dato sistema.

esecuzione): un thread in esecuzione è ancora nello stato eseguibile.

➢ *Bloccato [waiting]:* un thread diventa bloccato se effettua un comando bloccante – ad esempio, facendo richiesta di I/O – o se invoca alcuni metodi di Thread, come `sleep()`. In quest'ultimo caso lo stato di attesa è legato alla temporizzazione e viene definito *timed waiting*.

➢ *Terminato [terminated]:* un thread si sposta nello stato terminato o "morto" (*dead*) quando il suo metodo `run()` termina. In Java non è sempre possibile determinare lo stato esatto di un thread, benché il metodo `isAlive()` restituisca un valore booleano che un può essere usato per determinare se un thread è o meno nello stato *terminated*.

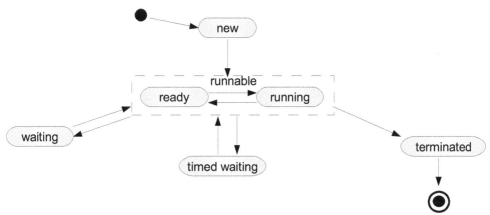

*Figura 11: stati di un thread java*

# 2. La Schedulazione

Considerando un insieme di task, si definisce come schedulazione un assegnamento del processore ai task appartenenti all'insieme considerato.

Lo scheduler del sistema operativo è quella parte del kernel che si occupa di stabilire le politiche della schedulazione e di effettuare la transizione che cambia il task in esecuzione sul processore. Questi cambiamenti di stato vengono indicati con il termine di *"context switch"*, o cambio di contesto.

Una schedulazione è detta pre-emptive nel caso in cui l'esecuzione di un processo possa essere interrotta in qualsiasi istante per mandare in esecuzione un altro processo caratterizzato da una priorità maggiore sulla base di una strategia prefissata. In questi casi l'esecuzione completa di un task può avvenire durante intervalli di tempo disgiunti (ovvero non consecutivi).

Talvolta il termine scheduler è anche usato per indicare il codice che effettua il context switching tra i diversi task; più precisamente, lo scheduler è l'algoritmo che definisce la politica secondo la quale viene scelto il processo da eseguire in un dato momento; la funzionalità kernel che *realizza* la politica di scheduling è più correttamente detto dispatcher.

In particolare nei sistemi Windows è presente questa distinzione, quindi si faccia attenzione al contesto in cui viene usato un termine: è comune indicare con il termine *scheduler* in ambiente Linux il codice del kernel che in ambiente Windows sarebbe detto *dispatcher*.

## *Processi periodici e aperiodici*

All'interno di un sistema operativo coesistono classi differenti di processi; una prima distinzione può essere fatta sul tipo di elaborazione richiesta al processo: i processi periodici vengono eseguiti in una serie infinita di istanze, ognuna di esse inserita in un intervallo di tempo predefinito, detto periodo. Questo tipo di processo è frequente nelle elaborazioni real time, poiché è adatto alla gestione / trasmissione / elaborazione di dati in tranches di un flusso - perfettamente corrispondente alle applicazioni di controllo numerico, di acquisizione dati, o di trasmissione di stream multimediali.

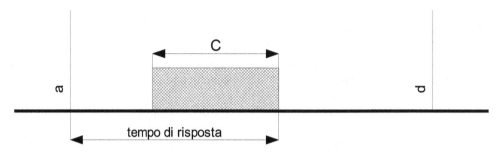

*Figura 12: processo "one-shot" o sporadico*

I processi one-shot (o sporadici o ancora aperiodici) sono processi che vengono eseguiti su base asincrona, al verificarsi di eventi nel sistema, come per esempio l'arrivo di un interrupt, di un segnale o lo scadere di un timer[6].
Esempi tipici di task aperiodici sono le routine di gestione di interrupt di I/O.

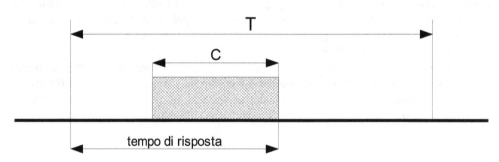

*Figura 13: processo periodico*

In figura 4 è rappresentata l'istanza di esecuzione di un processo periodico. L'intervallo T è il periodo del processo, mentre l'intervallo C è il tempo di esecuzione dell'istanza, ovvero il quanto di tempo in cui il processo esegue la sua elaborazione. Il tempo di risposta è dato dall'intervallo temporale che intercorre tra l'inizio del periodo e il termine dell'elaborazione del processo.
In linea di massima, anche quando sia il tempo di elaborazione C che il periodo T del processo sono fissi, il tempo di risposta non è costante, poiché dipende dall'algoritmo di scheduling l'istante di assegnazione della CPU al processo. Naturalmente, affinchè

---

6   il fatto che un processo sporadico possa essere messo in esecuzione da un timer non deve sorprendere: la sporadicità del processo non significa che esso sia libero da vincoli temporali; esso semplicemente non ha un periodo fissato.

la schedulazione sia valida, il tempo di risposta può essere al massimo grande come il periodo T, e l'inizio dell'elaborazione non può essere assegnato oltre l'istante (T-C).

## *Algoritmi di schedulazione*

per algoritmo di schedulazione si intende l'insieme delle politiche che regolano l'esecuzione di un processo: l'ordinamento della ready queue, la revoca della CPU (pre-emption) in presenza di alcune condizioni.

Si osservi che non tutti i sistemi operativi prevedono la possibilità di interrompere un processo in esecuzione, per assegnare la CPU ad un processo a priorità maggiore; vedremo nel seguito quali algoritmi prevedono pre-emption e quali no.

Nell'ambito dei sistemi real time, i processi sono vincolati al rispetto di precise tempistiche affinchè l'elaborazione abbia luogo correttamente. Tipicamente un taks in tempo reale dovrà rispettare una deadline, ovvero dovrà completare il proprio compito entro un dato istante temporale.

E' proprio l'approccio alla gestione delle deadlines che caratterizza il sistema real time: se il mancato rispetto della deadline da parte di un task real time può comprometterel'intero sistema si tratta di *hard real time*; al contrario se il rispetto della deadline non è vitale per il sistema, ovvero se sono tollerate sporadiche violazioni nella temporizzazione, avremo un sistema *soft real time*.

> I vincoli sulle risorse sono uno dei fattori critici per la schedulazione di processi; il rispetto di questi vincoli avviene garantendo la protezione delle sezioni critiche[7] dei processi attraverso meccanismi di sincronizzazione.

Un processo che faccia richiesta di una risorsa condivisa occupata da un altro processo, è messo in stato BLOCCATO. Tipicamente i processi bloccati vengono inseriti in una coda associata al meccanismo di sincronizzazione (semaforo), e vengono risvegliati dallo scheduler al rilascio della risorsa da parte del processo precedente.

Definiamo la schedulazione di un insieme di processi "fattibile" se esiste una assegnazione dei tempi di CPU tale da garantire che tutti i processi vengano eseguiti nel rispetto dei propri vincoli temporali.

Si può dimostrare che il problema dell'assegnazione della CPU nel rispetto dei vincoli

---

7 - per sezione critica si intende una sequenza di istruzioni che fanno accesso a risorse in modalità mutuamente esclusiva. Affinchè questo meccanismo sia supportato dal sistema operativo, è necessaria la presenza di facilities quali i semafori.

temporali, dei vincoli di precedenza tra i task e dei vincoli sulle risorse è computazionalmente intrattabile in tempi polinomiali dato il numero dei processi. Ovvero dati n processi, non esiste un algoritmo che ne decida lo scheduling fattibile con complessità polinomiale su n.

Per quanto riguarda i sistemi operativi con prestazioni soft real time, si privilegiano gli algoritmi di schedulazione best-effort, ovvero algoritmi che massimizzino un indicatore di prestazione (ad esempio l'inverso del ritardo medio) sull'insieme dei processi in esecuzione. Questo approccio privilegia le prestazioni medie del sistema piuttosto che il rigido rispetto di ogni deadline; nel paragone con un algoritmo che debba garantire prestazioni hard-real time su una parte dello stesso insieme di processi, l'occupazione del processore risulta maggiore e generalmente l'algoritmo di scheduling è molto meno pesante computazionalmente.

L'approccio opposto è dato dai sistemi con garanzia sul rispetto dei vincoli; i sistemi hard real time devono garantire a priori il rispetto delle deadlines dei task: è infatti preferibile rinunciare all'esecuzione di un processo piuttosto che rischiare una esecuzione con tempistiche non garantite.

Il rispetto dei vincoli temporali può essere garantito da una procedura detta "test di garanzia", eseguita ogni volta che un nuovo processo chiede l'esecuzione. In sostanza si tratta di una prova che assicuri che l'ingresso del nuovo task nel sistema non causi una violazione di qualche vincolo, ovvero il superamento di una o più deadlines.

In assenza di test di garanzia, è teoricamente possibile che in un sistema l'ingresso di un task n-esimo causi il superamento delle deadline da parte di tutti gli altri n-1 task precedentemente in esecuzione sul sistema (effetto domino). Una politica di scheduling per un sistema operativo (che sia real time o general-purpose) non è il custode di un albergo di Hilbert[8].

Nel seguito del capitolo assumeremo che i task periodici abbiano la costante di tempo invariante (un periodo fisso); che la deadline del task coincida con la fine del periodo;

---

8    L'albergo di Hilbert è un luogo immaginario, ideato dal matematico David Hilbert: si tratta di un albergo con infinite stanze, ognuna con sulla porta un numero intero positivo: 1, 2, 3, ...; le stanze sono tutte occupate. All'arrivo di un nuovo cliente, il custode dell'albergo si trova nella necessità di liberare una stanza: suona il campanello e fa uscire tutti gli ospiti dalle stanze; quindi riorganizza le assegnazioni: *"ogni ospite cambi si sposti dalla sua camera alla successiva"* (dalla stanza n alla stanza n+1); in questo modo si libera la stanza numero 1 ed il nuovo ospite trova posto.
Quando si presenta alla porta dell'albergo una comitiva costituita da un infinito numero di persone, il custode dell'albergo suona il campanello, fa uscire gli ospiti dalle stanze e riassegna le camere: *"ogni ospite si sposti nella stanza il cui numero è doppio rispetto a quello attuale"* (dalla stanza n alla 2n); si liberano tutte le stanze dispari e gli infiniti nuovi clienti trovano posto.

che la computazione del task avvenga in prima approssimazione in un tempo costante (ovvero che non ci siano sostanziali variazioni da un'esecuzione all'altra); che i task periodici siano indipendenti tra loro.

## Rate monotonic

l'algoritmo rate monotonic, conosciuto anche con il nome di "shortest period first", assegna a ciascun processo una priorità inversamente proporzionale al suo periodo di esecuzione, ovvero la priorità di un processo periodico è proporzionale alla frequenza di esecuzione delle sue istanze.

Avendo assunto il periodo dei processi costante, la schedulazione secondo rate monotonic è statica: la priorità assegnata ad un processo non varia durante la sua esecuzione.

L'algoritmo è pre-emptive, nel senso che può interrompere un processo (anche se questo non ha terminato la sua elaborazione), revocandogli la CPU ed assegnandola ad un altro processo.

Si può dimostrare che se un insieme di processi non è schedulabile con questo algoritmo, allora non è schedulabile con nessun altro algoritmo, in altre parole, rate monotonic è un algoritmo ottimo (tra gli algoritmi a priorità statica).

Si può utilizzare una politica di scheduling rate monotonic per l'assegnazione dei tempi di CPU ad un insieme di task real time periodici, facendo salve le assunzioni sulla costanza degli intervalli T e C nella figura X, ed accettando che lo scheduler imposti un tempo di risposta variabile all'interno del periodo.

## Earliest deadline first

si tratta di uno tra gli algoritmi più diffusi per la schedulazione di processi real time; esso selezione per l'esecuzione il processo con la deadline più prossima; all'arrivo di un nuovo processo con deadline minore, il task attuale viene sospeso e la CPU assegnata al nuovo processo.

La priorità assegnata dinamicamente ai processi in esecuzione è inversamente proporzionale alla distanza dalla propria deadline. Ad ogni cambio di contesto, le priorità vengono ricalcolate dallo scheduler; questo richiede un utilizzo della CPU maggiore rispetto ad algoritmi di scheduling statici.

Come nel caso dell'algoritmo rate monotonic, anche in questo caso l'assegnazione del tempo di CPU ad un processo periodico, all'interno del periodo, non è fissa.

Questo tipo di algoritmo è di tipo pre-emptive.

## Deadline monotonic

l'algoritmo deadline monotonic è sostanzialmente una variante del rate monotonic che permette la schedulazione di un processo periodico impostando una deadline indipendente dal periodo (si veda la figura 14).

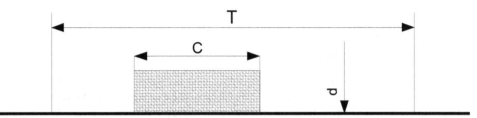

*Figura 14: processo periodico - deadline monotonic*

Si osservi che la deadline è relativa al periodo, non è un istante di tempo assoluto; ogni processo avrà una sua deadline che rappresenta l'intervallo massimo di tempo tra l'inizio del periodo e l'istante in cui l'esecuzione dell'istanza deve essere terminata.

Rispetto alle assunzioni fatte precedentemente, possiamo rinunciare all'idea che la deadline coincida con la fine del periodo; dobbiamo però ipotizzare che la deadline relativa sia costante per ogni processo, ovvero che non vari da un'istanza all'altra.

L'algoritmo deadline monotonic assegna ad ogni processo periodico una priorità inversamente proporzionale alla lunghezza della sua deadline relativa: viene mandato in esecuzione in processo la cui deadline relativa è più breve.

La priorità calcolata in questo modo è statica, ovvero dato un insieme di processi periodici, ognuno con un periodo e una deadline propri, le priorità vengono calcolate una sola volta, e non ad ogni cambio di contesto.

Come per il rate monotonic, anche per l'algoritmo deadline monotonic si può dimostrare che è ottimo, ovvero che, dato un insieme di processi, se esso non produce una schedulazione fattibile allora nessun altro algoritmo la produrrà.

## *Schedulazione di processi One-shot*

Nel caso in cui si debba garantire la schedulabilità di un insieme di task, periodici e aperiodici, generalmente si tratta il generico processo one-shot come un processo periodico, il cui periodo sia il minimo tempo di interarrivo[9]; questo permette di applicare le stesse politiche di schedulazione, basate su un insieme di processi tutti periodici.

Esiste naturalmente la possibilità di gestire un processo sporadico attraverso una temporizzazione: uno dei metodi consiste nel mettere in *sleep(...)* il processo al termine dell'esecuzione di una istanza.

Si osservi però che, in questo caso, occorre ricalcolare ogni volta la quantità di tempo di sospensione, poiché la variabilità nei tempi di esecuzione e di elaborazione possono

---

9   il tempo di interarrivo di un processo aperiodico è l'intervallo temporale che occorre tra due richieste di esecuzione consecutive del processo.

causare una consistente deriva nella temporizzazione:

come si vede nel diagramma,
si abbiano due processi il cui funzionamento in pseudocodice sia:

```
while (1) {
    execute_something()
    sleep(2)
}
```

supponendo che la funzione execute_something() duri, per i due processi, rispettivamente 1 ed 1.5 unità di tempo, ciò che si avrà è una temporizzazione molto differente per i due task.

Una soluzione è quella di rendere l'argomento della chiamata sleep(...) variabile in base al tempo di esecuzione del processo; però, se il proprio sistema supporta la schedulazione periodica, per questo tipo di problematiche è più conveniente fare uso di processi periodici.

## *Priority inversion*

Si definisce priority inversion (inversione di priorità) una situazione indesiderata che può venirsi a creare quando un processo con una data priorità viene bloccato da un processo a minore priorità a causa dei meccanismi di mutua esclusione per l'accesso ad una risorsa condivisa; il blocco del processo permane indefinitamente (fino al rilascio della risorsa condivisa), rendendo il comportamento del sistema non predicibile.

Illustriamo l'inversione di priorità con un esempio: poniamo che vi siano 10 classi di priorità, da 0 (la priorità più bassa) a 9 (la priorità più alta).

Immaginiamo un processo P1 a priorità 9 che venga eseguito allo scadere di un timer di sistema. Il processo P1 non appena in esecuzione, effettua una richiesta di accesso ad una risorsa condivisa R, e prosegue l'esecuzione solo dopo aver ottenuto l'accesso ad essa.

Durante il periodo in cui P1 non è in esecuzione, viene eseguito un processo P2 a priorità 0, il quale accede ad R, impostando un semaforo per la mutua esclusione.

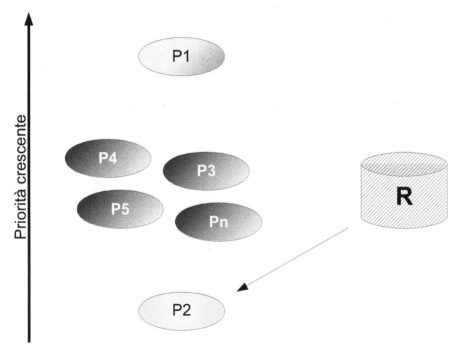

*Figura 15: inversione di priorità*

Se durante l'esecuzione di P2 il timer di sistema sveglia P1, quest'ultimo si vedrebbe assegnare la CPU quel tanto che basta per arrivare a bloccarsi sull'accesso alla risorsa condivisa R. Lo scheduler a questo punto tornerebbe ad assegnare il processore a P2.

Se nel sistema venissero messi in esecuzione altri n processi con priorità compresa tra 1 e 8, prima che P2 abbia il tempo di rilasciare la risorsa R, lo scheduler manderebbe in esecuzione questi processi a media priorità, a patto che essi non richiedano accesso ad R.

Quindi il risultato è che il processo a priorità più alta rimane in stato *BLOCKED* fintanto che i processi a priorità media sono in esecuzione sul sistema.

Una possibile soluzione a questa situazione consiste nell'impedire ad un processo di essere sottoposto a pre-emption durante una sezione critica, ovvero mentre sta facendo accesso ad una risorsa condivisa protetta da meccanismi di mutua esclusione; questo non impedisce a P1 di restare bloccato fintanto che R non è rilasciata, ma certamente ne ritarda l'esecuzione solo fintanto che P2 non ha terminato la sua elaborazione (ininterrotta) su R.

Un'altra possibilità consta nell'assegnare al processo che accede ad una risorsa condivisa, una priorità temporanea superiore alla sua, in modo da impedire ai processi a media priorità la pre-emption sul processo in sezione critica.

# Schedulazione in Windows

Con la definizione delle API Win32, Microsoft introduce un entità detta "kernel object" che rappresenta uno degli oggetti fondamentali alla base delle capacità multitasking in ambiente Windows.

I kernel objects sono strutture dati residenti nel kernel del sistema operativo, accessibili mediante handlers e opportune funzioni di API.

Sono classificabili in diverse categorie:
> Processi e thread
> Strumenti di sincronizzazione: eventi, mutex, semafori
> Oggetti "stream": file, filemapping, pipe, mailslot

## Caratteristiche dei kernel objects

Per ogni kernel object esiste una funzione di creazione che restituisce l'*handle* dell'oggetto creato;
tutti i kernel objects vengono distrutti con la stessa funzione:
`CloseHandle(Handle)`.
Spesso i kernel objects devono essere condivisi fra diversi processi ma un *handle* ha senso solo all'interno di un processo: si fa uso perciò di diverse tecniche per condividere i kernel objects tra processi differenti: per esempio l'identificazione mediante nome.

Nei sistemi operativi basati su tecnologia NT (ovvero nei sistemi NT 4.0, Windows 2000 e Windows XP), è possibile proteggere un kernel object mediante un descrittore di protezione: quasi tutte le chiamate di creazione hanno come parametro opzionale un puntatore ad una struttura dati di tipo `SECURITY_ATTRIBUTES` mediante la quale è possibile definire i diritti di accesso all'oggetto.

In Windows un processo ha uno spazio di indirizzamento di 4 GB e, a differenza di altri sistemi, è un entità inerte: un processo Win32 non esegue nulla, dispone semplicemente di uno spazio di indirizzamento che contiene il codice e i dati di un eseguibile (il file EXE più tutte le DLL caricate).

Sono i thread le entità attive che eseguono il codice sorgente: quando viene creato un processo viene creato anche un thread primario che esegue il codice contenuto nello spazio di indirizzamento codice.
Tutti i thread del processo condividono lo stesso spazio di indirizzamento, ma ogni thread possiede un proprio stack e un proprio insieme di (copie dei) registri della CPU; il thread primario può creare altri thread mediante la chiamata `CreateThread(...)` che restituisce un puntatore *handle*.

Ogni thread ha una priorità (compresa fra IDLE e real time) e ad ogni thread attivo viene assegnata una porzione di tempo di CPU solo in base alla sua priorità, indipendentemente dal processo cui esso appartiene.

## *Strumenti di sincronizzazione*

Ad ogni handle di kernel object è associato un meccanismo di segnalazione che consente di realizzare meccanismi di sincronizzazione; ogni handle possiede due stati: *segnalato (signaled)* e *non segnalato (non-signaled)*.
Esistono due funzioni dell'API Win32 per gestire questo meccanismo: `WaitForSingleObject()` e `WaitForMultipleObjects()` che prendono come parametro un handle di kernel object e sospendono il thread chiamante fino a quando questo non diventa *segnalato*.

Questo passaggio di stato avviene con modalità diverse per ogni kernel object, in particolare lo stato di un thread è *non segnalato finché* il thread è in esecuzione e diventa *segnalato* soltanto quando questo termina.

## *Thread in Windows XP*

Windows XP implementa le API Win32 per la famiglia dei sistemi operativi Microsoft (Windows 95/98/NT, Windows 2000 e Windows XP).
L'ultimo sistema operativo di Microsoft schedula i thread utilizzando un algoritmo pre-emptive basato sulla priorità: lo scheduler di Windows XP opera in modo che il thread a priorità più alta sia sempre in esecuzione.
Il codice del kernel che si occupa della schedulazione in Windows è denominato *dispatcher*: un thread, selezionato per l'esecuzione dal dispatcher, continuerà la sua esecuzione sin quando non verrà interrotto da un thread a priorità più alta, non effettuerà una system call bloccante, non avrà esaurito il suo timeslice o non avrà terminato l'esecuzione.
Il dispatcher utilizza uno schema di priorità a 32 livelli per determinare l'ordine di esecuzione dei thread presenti sul sistema; i processi di classe real time hanno priorità tra 16 e 31, i processi normali hanno priorità tra 1 e 15.
Inoltre, per fornire una migliore responsività al sistema, Windows nella schedulazione distingue tra *foreground process* e *background process*, favorendo il dispatching di applicazioni che hanno il focus sullo schermo.
Un'applicazione Windows XP viene eseguita come processo, e come abbiamo visto ciascun processo può contenere uno o più thread.
Windows utilizza la mappatura tra kernel-space ed user-space secondo il modello uno-a-uno, dove ciascun thread di livello utente viene mappato ad un thread associato a livello kernel.

Windows fornisce comunque anche il supporto per una libreria con funzionalità del modello molti-a-molti.

Ciascun thread appartenente un processo può accedere allo spazio di indirizzamento virtuale di quel processo.

Tra le componenti generali di un thread vi sono:

* un identificatore del thread che lo identifica univocamente;
* un set di registri che rappresentano lo stato del processore;
* uno user stack utilizzato quando il thread è in esecuzione in modalità kernel;
* un'area di memoria privata utilizzata da varie librerie run-time e dalle DLL (*dinamic link libraries* – *librerie a collegamento dinamico)* caricate dal programma.

# Schedulazione in Linux

La distinzione classica tra "processo" e "thread" non si può applicare esattamente all'implementazione reale del kernel Linux.

I progettisti di Linux (ovvero in primis Linus Torvalds) hanno focalizzato l'attenzione sul concetto di *Contesto dell'esecuzione*, concetto che include cose come lo stato della CPU (registri, program counter, ecc...), lo stato del gestore della memoria, lo stato dei permessi (user id, group id), il codice da eseguire, e diverse altre cose come i descrittori dei file aperti, gli handler dei segnali, eccetera.

## *Algoritmi di schedulazione*

Linux fornisce due differenti algoritmi di schedulazione dei processi: uno è un algoritmo a condivisione di tempo per una schedulazione equa fra i vari processi, l'altro è un algoritmo progettato per attività soft real time, dove la priorità assoluta è più importante dell'equità. Linux permette solo ai processi user-space di essere interrotti; un processo non può essere interrotto mentre è in kernel mode, anche se un task real time con priorità maggiore è pronto per l'esecuzione.

Una classe di schedulazione, che definisce quale di questi algoritmi vada applicato al processo, fa parte dell'identità di ogni processo; le classi di schedulazione usate da Linux sono le stesse classi definite nelle estensioni per il tempo reale dello standard POSIX.

La prima classe di schedulazione è usata per i processi a time-sharing, per i quali è usato un algoritmo con priorità basata sui crediti: ciascun processo possiede un certo numero di crediti di schedulazione; quando deve essere scelta una nuovo task da eseguire, viene scelto il processo con maggiori crediti. Ad ogni interrupt del timer il processo in esecuzione in quel momento perde un credito; quando i suoi crediti raggiungono lo zero, il processo viene sospeso e viene scelto un altro processo. Se nessun processo **eseguibile** ha almeno un credito, allora vengono redistribuiti i crediti aggiungendo crediti ad ogni processo del sistema, calcolati secondo la formula

```
crediti_nuovi = crediti_precedenti / 2 + priorità
```

Questo algoritmo tiene conto della storia di esecuzione del processo e della sua priorità; metà dei crediti che un processo possiede ancora saranno mantenuti dopo l'applicazione dell'algoritmo; i processi continuamente in esecuzione tendono ad esaurire rapidamente i propri crediti, ma i processi che trascorrono molto del loro tempo in attesa possono accumulare crediti. Questo sistema dà automaticamente un'alta priorità ai processi interattivi o legati all'I/O, per i quali è importante avere un basso tempo di risposta.

Ai processi batch in background può essere assegnata una priorità bassa; riceveranno automaticamente meno crediti rispetto ai processi interattivi dell'utente, e quindi avranno meno risorse di CPU rispetto a task a più alta priorità.

Linux utilizza questo sistema di priorità per implementare il meccanismo UNIX standard di priorità (livello di nice associato ad un processo)

La schedulazione di Linux per il soft real time, implementa le due classi richieste sa POSIX.1b:

1. FIFO, ovvero first come, first served - i processi continuano l'esecuzione finché si bloccano o terminano: non vengono mai interrotti dal sistema.

2. round robin – un processo in esecuzione viene interrotto dopo un po' di tempo (un cosiddetto *time slice*), e viene posto alla fine della coda di schedulazione (ready queue).

Osservazione: poiché l'esecuzione del codice del kernel di linux (nelle versioni 2.2 e 2.4) non può mai essere interrotta da un processo utente, se arrivasse un interrupt che risveglia un processo real time mentre il kernel sta eseguendo una chiamata di sistema, il processo real time dovrà attendere il termine della chiamata di sistema per poter essere eseguito[10].

## *Thread in Linux*

Linux fornisce una chiamata di sistema `fork()` con la funzionalità tradizionale della duplicazione di un processo, nonché la chiamata di un sistema `clone()`, analoga alla creazione di un thread.

La system call `Clone()` si comporta in modo molto simile a `fork()`, ma invece di creare una copia del processo chiamante genera un processo separato che condivide lo spazio di indirizzamento del processo chiamante.

Tale condivisione dello spazio di indirizzamento del processo padre consente che un task *clonato* si comporti come se fosse un thread separato.

La condivisione dello spazio di indirizzamento, ovvero il fatto che un processo si comporti come un thread è consentito dal modo in cui un processo è rappresentato dal kernel Linux: nel sistema esiste una struttura dati del kernel unica per ciascun processo, la quale invece di immagazzinare i dati del processo, contiene un **puntatore** ad altre strutture dati dove risiedono realmente i dati, quali ad esempio, le strutture che rappresentano la lista dei file aperti, le informazioni sulla gestione dei segnali, e la memoria virtuale.

---

10 Questo discorso è superato dall'introduzione nei kernel della serie 2.6 di una serie di *pre-emption point* che permettono di fatto una revoca della CPU da parte di processi utente.

Quando è invocata la `fork()` viene creato un nuovo processo come una copia di tutte le strutture dati del processo padre.

Anche quando viene effettuata la chiamata di sistema `clone()` viene creato un nuovo processo ma, anziché copiare tutte le strutture dati, il nuovo processo *punta* a quelle del processo padre, permettendo così che il processo figlio condivida la memoria, e altre risorse di processo, del padre.

Si utilizza un insieme di flag per decidere quanto del processo padre deve essere condiviso con il figlio: se non è impostato alcun flag non c'è condivisione, e `clone()` agisce esattamente come `fork()`.

Se sono impostati tutti i flag, il processo figlio condivide tutte le strutture dati con il processo padre. Altre combinazioni dei flag permettono vari livelli di condivisione, compresi fra questi due estremi.

Come si è fatto precedentemente notare, il kernel Linux non applica la distinzione classica fra processi e thread: in effetti, quando ci si riferisce al flusso di controllo all'interno di un programma si utilizza generalmente il termine *task* (anziché *processo* o *thread)*.

I threads Posix sono supportati sotto GNU/Linux 2.2 e 2.4 attraverso *librerie,* e sostanzialmente solo per compatibilità con lo standard; a partire dai kernel della serie 2.6 è stato introdotto il supporto a livello kernel per i thread: vale a dire che, dato un processo a livello utente che abbia più thread al suo interno, ad ognuno di questi corrisponde un task a livello kernel, opportunamente schedulato dal dispatcher.

## *Tasklets*

Alcuni sistemi operativi prevedono una ulteriore primitiva oltre ai thread ed ai processi, che i programmatori possono invocare per l'esecuzione di compiti specifici e ben determinati.

Linux e RTAI[11] chiamano queste primitive *tasklet.*

Una tasklet è una funzione, la cui esecuzione può essere chiamata da qualsiasi task del kernel, e che il sistema operativo eseguirà **prima** di effettuare il prossimo context switch.

Il kernel esegue queste funzioni una dopo l'altra, ovvero non ci può essere concorrenza tra diverse tasklet.

Le caratteristiche più importanti delle tasklet sono le seguenti:

1. Una tasklet è una primitiva più leggera dei processi, per eseguire funzioni fuori dal (e soprattutto prima del) normale scheduling dei processi.
2. Una tasktlet non può venire interrotta (preempted) da un altro task.

---

11 Real Time Application Interface, estensione in tempo reale di Linux, di cui si tratterà ampiamente nel seguito del libro

Si osservi però che le tasklet possono essere interrotte dagli interrupt, perché il kernel mantiene abilitate tutte le interruzioni hardware, durante l'esecuzione di una tasklet.

Nonostante il nome, le tasklet hanno poco a che vedere con i task: si tratta di procedure, chiamate dal kernel (ovvero da un task del kernel) in date occasioni, in particolare quando una routine ISR (Interrupt Service Request) viene eseguita in seguito all'arrivo di un interrupt.
Fuori dall'ambito Linux, le funzioni tasklet sono più spesso chiamate *DSR* (Deferred Service Routine), e in Windows *Deferred Processing Call*.

In RTAI è possibile associare ad una tasklet un preciso timer, in modo da renderne l'esecuzione periodica, inoltre RTAI permette che una funzione in user space sia eseguita come tasklet. La semantica delle tasklet in RTAI è sostanzialmente uguale a quella usata nel kernel Linux standard.

# 3. Lo standard POSIX

> Un vantaggio nel fare riferimento al documento standard è che,
> per definizione, esso è privo di errori. Se un errore tipografico
> nel nome di una macro riesce ad oltrepassare la fase editoriale,
> non è più un errore ma entra a far parte dello standard.
> Andrew S. Tanenbaum (Sistemi Operativi – 2a ediz.)

Posix rappresenta una collezione di standard che definiscono vari aspetti di un sistema operativo portabile di tipo unix; alcuni di questi standard sono entrati a far parte delle norme specificate dall'IEEE; tra gli aspetti di maggior rilievo trattati dalla famiglia delle norme Posix, vi è la definizione delle API (application program interfaces) per i software che vengano eseguiti sulle varianti del sistema operativo Unix.
Nelle applicazioni del mondo reale, i programmi fanno spesso uso di API non standard (senza considerare i bug implementativi dei sistemi operativi e dei compilatori), quindi il porting di applicazioni da un'architettura ad un'altra richiede sempre una certa quantità di lavoro; l'aderenza agli standard tende a ridurre i costi di queste operazioni a livelli accettabili.

Come vedremo, gli standard sono orientati alla definizione della sintassi e della semantica delle API, e non all'implementazione sottostante; la conformità a Posix non è quindi legata all'architettura interna di un sistema operativo: ogni sistema con una sufficiente dotazione di funzionalità può essere reso conforme a (qualcuno degli standard) Posix.

La norma è formalmente definita dal codice IEEE 1003, riferito anche tramite lo standard ISO/IEC 9945. Il nome Posix (acronimo per Portable Operating System Interface, con la X aggiunta per richiamare la famigliarità con Unix) venne suggerito da Richard Stallman, iniziatore tra l'altro del progetto GNU e primo autore della licenza GPL.

Le norme contenute nei diversi standard Posix definiscono la linea di comando, le interfacce di scripting, le interfacce per i programmi utente, i servizi I/O di base, i segnali, i thread e molto altro. Gli standard inoltre prevedono che alcune caratteristiche o funzionalità possano essere opzionali, ovvero che la *compliance* possa prescindere da esse: ma se implementate, queste caratteristiche dovranno sottostare alle date definizioni di interfaccia.

Lo standard non specifica come debbano essere implementati tutti questi servizi, ma definisce solo la loro semantica. I programmatori dei sistemi operativi hanno la facoltà di scegliere le tecniche implementative preferite, posto che le interfacce rispondano alle specifiche standard.

Come si può vedere dalla tabella 1, affermare una generica conformità a Posix di un sistema operativo è relativamente privo di senso: a quale delle numerose norme ci si riferisce? Quali aspetti del sistema sono conformi a quali standard? Quali funzionalità opzionali sono state implementate?

Come dicevamo, la norma Posix definisce le interfacce ma non dice nulla relativamente all'implementazione che è demandata completamente ai progettisti del sistema operativo. Tutti i sistemi moderni di tipo Unix presentano una certa compatibilità con lo standard Posix, ma nessun sistema fornisce una totale aderenza allo standard: la quantità di aspetti coperti dalle norme Posix è così ampia che nella pratica gli sviluppatori dei sistemi operativi focalizzano alcune caratteristiche chiave che verranno rese compatibili con lo standard.

> A questo proposito è necessario ricordare che molti sistemi operativi offrono la compatibilità con Posix mappando le API posix sulle chiamate di sistema native del proprio kernel; inoltre, poiché Posix definisce solamente "cosa" deve offrire un sistema di tipo unix, ma non "come", le prestazioni di un software che utilizza le API Posix, portato e compilato su sistemi differenti potrà avere prestazioni molto variabili, in base all'implementazione interna dei diversi kernel e delle librerie di compatibilità Posix.

In tabella è riportata una classificazione sommaria dei principali documenti prodotti, e del loro identificativo secondo la nomenclatura IEEE; si tenga conto inoltre che molto spesso si usa l'estensione IEEE anche come aggiunta al nome POSIX (per le estensioni real time, ad esempio, si può parlare di POSIX.4 come di POSIX.1b).

| POSIX.1 | 1003.1 | Interfacce di base |
|---------|--------|--------------------|
| POSIX.1a | 1003.1a | Estensioni a POSIX.1 |
| POSIX.2 | 1003.2 | Comandi |
| POSIX.3 | 1003.1 | Metodi di test |
| POSIX.4 | 1003.1b | Estensioni real time |
| POSIX.4a | 1003.1c | Thread |
| POSIX.4b | 1003.1d | Ulteriori estensioni real time |
| POSIX.5 | 1003.5 | Interfaccia per il linguaggio ADA |
| POSIX.6 | 1003.2c 1003.1e | Sicurezza |
| POSIX.7 | 1003.1 | Amministrazione di sistema |
| POSIX.8 | 1003.1f | Accesso ai file via rete |
| POSIX.9 | 1003.9 | Interfaccia per il Fortran-77 |
| POSIX.10 | 1003.1 | AEP[12] per gli ambienti di supercomputing |
| POSIX.11 | | AEP Transaction Processing |
| POSIX.12 | 1003.1g | Socket |
| POSIX.13 | 1003.1 | AEP per il tempo reale |
| POSIX.14 | | AEP per il multiprocessing |
| POSIX.15 | 1003.1 | Estensioni per le elaborazioni batch |
| POSIX.16 | | Interfaccia per il linguaggio C |
| POSIX.17 | 1224.2 | Servizi directory di rete |
| POSIX.18 | | AEP per la piattaforma POSIX |
| POSIX.19 | | Interfaccia per il Fortran-90 |
| POSIX.20 | | Interfaccia per le estensioni real time in linguaggio ADA |
| POSIX.21 | | Comunicazioni real time tra sistemi distribuiti |

*Tabella 1: standard POSIX*

12 Application Environment Profile – è un insieme di standard Posix che devono essere implementati in un ambiente operativo, affinché sia supportata la portabilità in una determinata classe applicativa (supercomputing, real time, ecc...)

## Posix per il tempo reale

Essendo POSIX l'insieme di numerose definizioni di interfaccia che un sistema operativo di tipo unix dovrebbe fornire, vengono coperte anche le funzionalità utili ai sistemi in tempo reale; alcune delle specifiche POSIX sono indirizzate alla standardizzazione di procedure e servizi orientati al real time.

In questo ambito, la presenza di uno standard è di ancora maggior rilievo rispetto alla computazione general-purpose, poiché tra sistemi di tipo unix esiste di già una sorta di uniformità di interfacce, che non ha un equivalente nel mondo dei sistemi real time, popolato da un'ecologia di sistemi operativi differenti che molto spesso rendono difficile il porting di applicazioni o di procedure tra sistemi diversi.

I componenti di POSIX che riguardano il tempo reale sono:

| 1003.1b | estensioni di base real time |
|---------|------------------------------|
| 1003.1d | ulteriori specifiche real time |
| 1003.1j | estensioni real time avanzate |

Un'altra norma interessante è inoltre la seguente:

| 1003.1c | i thread POSIX: pthread |
|---------|-------------------------|

Questa norma definisce le interfacce POSIX per i thread, come esposto nel capitolo precedente.

Lo standard POSIX prevede quattro profili per i sistemi in tempo reale:

| PSE51 | *Minimal real time system profile* - questo sistema esegue un singolo processo POSIX, contenente uno o più Thread POSIX. Questi pthread possono fare uso di messaggi, ed il processo può comunicare (sempre attraverso lo scambio di messaggi) con altri sistemi PSE51. Questo modello prevede un hardware a singolo processore con una propria memoria, ma senza MMU né dispositivi I/O. |
|-------|------|
| PSE52 | *real time controller system profile* - tutto quanto definito nel profilo PSE51, con in più il supporto per un file system e per l'I/O asincrono. |
| PSE53 | *Dedicated real time system profile* - tutto quanto definito nel profilo PSE51, con in più il supporto per processi multipli. L'hardware può avere una MMU. |
| PSE54 | *Multi-purpose real time system profile* - è sostanzialmente un insieme di tutte le norme POSIX per il tempo reale, compresi i tre precedenti profili; |

| **PSE51** | *Minimal real time system profile* - questo sistema esegue un singolo processo POSIX, contenente uno o più Thread POSIX. Questi pthread possono fare uso di messaggi, ed il processo può comunicare (sempre attraverso lo scambio di messaggi) con altri sistemi PSE51. Questo modello prevede un hardware a singolo processore con una propria memoria, ma senza MMU né dispositivi I/O. |
|---|---|
| | non tutti i processi o i thread devono essere real time, sono permessi processi utente interattivi. |

## *Segnali real time*

I segnali real time Posix rispondono a diverse problematiche collegate alla creazione ed all'invio di messaggi in ambiente unix; per esempio, i segnali definiti dalla precedente norma Posix 1, vengono accodati in maniera non affidabile, nel senso che i segnali potrebbero arrivare in un ordine differente relativamente ai tempi di spedizione.

La spedizione e la ricezione dei messaggi, non avviene sempre necessariamente nello stesso ordine; inoltre i segnali Posix.1 mostrano anche problemi di larghezza di banda: il parametro intero passato all'handler del segnale contiene il numero del segnale, così da non poter essere utilizzato per passare ulteriori informazioni che potrebbero tornare utili (informazioni sullo stato dei dati, priorità, eccetera)

Infine, Posix.1 assegna due soli segnali (`SIGUSR1` e `SIGUSR2`) all'utente, per un utilizzo personalizzato nelle applicazioni.

Le estensioni POSIX.4 (IEEE 1003.1b) per la gestione dei segnali sono indirizzate a colmare queste lacune: i segnali real time vengono accodati correttamente nell'ordine con cui sono stati generati; possono essere ordinati per priorità, cosicché segnali ad alta priorità arrivino sempre prima di segnali a bassa priorità.

L'handler `sa_sigaction` contiene due parametri addizionali, che possono essere utilizzati per memorizzare e trasmettere una maggiore quantità di informazioni all'handler, rispetto allo standard di base (POSIX.1).

POSIX.4 introduce infine un maggior numero di segnali specificamente dedicati all'uso application-specific. E' possibile definire fino a 32 segnali (da `SIGRTMIN` fino a `SIGRTMAX`), trenta in più rispetto allo standard base.

# POSIX Timers

POSIX offre una serie di clock e timer che permettono un controllo a grana fine delle temporizzazioni (misurate in nanosecondi), garantisce ad ogni applicazione la possibilità di usare più di tre clock, e fornendo il supporto ai nuovi messaggi di cui si è discusso nel capitolo precedente.

Viene poi definita l'interfaccia di `nanosleep()`, una chiamata per fermare l'esecuzione di un processo per piccole quantità di tempo – analogamente alla chiamata `sleep()`, ma con risoluzione al nanosecondo. La chiamata `clock_nanosleep()` combina le funzionalità di `clock_gettime()` e `nanosleep()` in una sola funzione, permettendo ad un processo periodico di andare in pausa per intervalli di tempo estremamente precisi.

Il valore aggiunto di `clock_nanosleep` risiede nel fatto di essere una funzione atomica, non interrompibile: si potrebbe ottenere lo stesso risultato attraverso le chiamate successive a `clock_gettime` ed a `nanosleep()`, ma se una eventuale pre-emption da parte del kernel avvenisse tra le due chiamate, il risultato di `clock_gettime` potrebbe non essere più significativo al momento della chiamata a `nanosleep`.

# Posix IPC

la norma Posix definisce tre tipi di IPC:
1.  messages queues Posix
2.  semafori Posix
3.  shared memory Posix

Queste tre tipologie di IPC usano un identificativo "*Posix IPC name*" per essere identificate univocamente. Questo identificativo è utilizzato nelle chiamate mq_open, sem_open e shm_open, e deve conformarsi alle seguenti regole:

> 1.  non deve essere lungo più di PATH_MAX bytes.
> 2.  se inizia con uno slash, differenti chiamate alle xxx_open devono riferirsi tutte alla stesso oggetto.
> 3.  se non inizia con uno slash, il comportamento delle chiamate può dipendere dalle implementazioni.
> 4.  l'interpretazione di ulteriori slash nell'identificativo dipende dalle implementazioni.

Questo significa che se si vuole scrivere codice portabile, occorre utilizzare dei nomi che inizino con uno slash e non ne contengano altri.

Le tre funzioni che creano un oggetto IPC Posix, prendono tutte come secondo argomento un valore (detto *oflag*) costituito dalla combinazione di diverse costanti che specificano il tipo di accesso che si intende fare all'oggetto IPC.
Le costanti che formano l'oflag possono essere obbligatorie (è necessario che almeno una di queste costanti venga specificata, perché specificano la modalità di accesso) oppure opzionali; vediamo brevemente queste opzioni:

## Message queue

per la funzione mq_open, è possibile passare una tra queste tre costanti: O_RDONLY (apertura in sola lettura), O_WRONLY (apertura in sola scrittura), oppure O_RDWR (lettura e scrittura).
Le costanti opzionali sono: O_CREAT (crea l'oggetto IPC se questo non esiste);
O_EXCL (accesso esclusivo all'oggetto IPC): se specificata in or logico con
O_CREAT, questa costante limita la creazione dell'oggetto IPC al solo caso in cui esso non esista: se presente, la chiamata mq_open restituirà l'errore EEXIST;
O_NONBLOCK (rende l'accesso alla message queue non bloccante nei casi di lettura da una m.q. vuota o di scrittura su una m.q. piena).

## Semafori

la funzione sem_open non richiede costanti definite come obbligatorie; sono comunque definite le costanti O_CREAT ed O_EXCL, con lo stesso significato visto per le message queues, ovvero se viene specificata solo O_CREAT, il semaforo verrà creato se non esiste ed aperto se esiste, mentre se sono specificate entrambe le costanti (O_CREAT | O_EXCL)

## Memoria Condivisa

per shm_open tra le costanti obbligatorie sono presenti O_RDONLY e O_RDWR: non è possibile aprire una porzione di memoria condivisa in sola scrittura. Tra le costanti opzionali troviamo anche qui O_CREAT ed O_EXCL, ma introduciamo anche O_TRUNC, che, nel caso l'oggetto shared memory sia aperto in lettura e scrittura, ne forza la cancellazione, specificando che l'oggetto venga dimensionato a 0 bytes.

## Verifica della conformità

In questo capitolo viene presentato un approccio per la valutazione della comformità a Posix e alle specifice SUS (single unix specification) dell'open group.

Definiamo per comodità le costanti in un header file:

```
/*
  prima di includere gli header standard, definire uno di
  questi simboli e includere questo header.

SUV_POSIX1990  = posix 1003.1 del 1990
SUV_POSIX1993  = posix 1003.1b (real time) del 1993
SUV_POSIX1996  = posix 1003.1 del 1996
SUV_SUS1       = Single UNIX Specification ver. 1
                 (anche noto come UNIX 95)
SUV_SUS2       = Single UNIX Specification ver. 2
                 (anche noto come UNIX 98)
SUV_SUS3       = Single UNIX Specification ver. 3
                 (anche noto come UNIX 03)

*/

#if defined(SUV_POSIX1990)
#define _POSIX_SOURCE
#define _POSIX_C_SOURCE 1

#elif defined(SUV_POSIX1993)
#define _POSIX_SOURCE
#define _POSIX_C_SOURCE 199309L

#elif defined(SUV_POSIX1996)
#define _POSIX_SOURCE
#define _POSIX_C_SOURCE 199506L

#elif defined(SUV_SUS1)
#define _POSIX_SOURCE
#define _POSIX_C_SOURCE 2
#define _XOPEN_SOURCE
#define _XOPEN_SOURCE_EXTENDED 1

#elif defined(SUV_SUS2)
```

```
#define _POSIX_SOURCE
#define _POSIX_C_SOURCE 199506L
#define _XOPEN_SOURCE 500
#define _XOPEN_SOURCE_EXTENDED 1

#elif defined(SUV_SUS3)
#define _POSIX_SOURCE
#define _POSIX_C_SOURCE 200112L
#define _XOPEN_SOURCE 600
#define _XOPEN_SOURCE_EXTENDED 1

#endif
```

Per avere informazioni relative alla conformità del proprio sistema ad una versione norma Posix, è sufficiente definire uno dei simboli definiti nell'header ed includere l'header.

Di seguito è riportato un esempio di codice in cui viene richiesto al sistema la conformità allo standard Unix98, (ovvero Single Unix Specification 2) che comprende Posix 1996:

```
/*
    StdConformance = restituisce informazioni sul grado di
    conformità del sistema agli standard Posix e X/Open
    questo programma usa porzioni di codice tratte da
    "Advanced Unix Programming" di Marc Rochkink
*/

#define SUV_SUS2 // il grado di standardizzazione
richiesto: single unix specification v.2 - lo standard
UNIX 98

#include "suvreq.h"
#include <unistd.h>
#include <stdio.h>

int main(void)
{
    printf("Si richiede al sistema:\n");
    #ifdef _POSIX_SOURCE
        printf("\t_POSIX_SOURCE definito\n");
        printf("\t_POSIX_C_SOURCE pari a %ld\n",
(long)_POSIX_C_SOURCE);
```

```
    #else
        printf("\t_POSIX_SOURCE non definito\n");
    #endif

    #ifdef _XOPEN_SOURCE
        #if _XOPEN_SOURCE +0 == 0
            printf("\t_XOPEN_SOURCE definito (nessun
valore)\n");
        #else
            printf("\t_XOPEN_SOURCE pari a
%d\n",_XOPEN_SOURCE);
        #endif
    #else
        printf("\t_XOPEN_SOURCE non definito\n");
    #endif

    #ifdef _XOPEN_SOURCE_EXTENDED
        printf("\t_XOPEN_SOURCE_EXTENDED definito\n");
    #else
        printf("\t_XOPEN_SOURCE_EXTENDED non
definito\n");
    #endif

    printf("Il sistema offre:\n");

    #ifdef _POSIX_VERSION
        printf("\tSistema POSIX versione %d\n",
_POSIX_VERSION);
    #else
        printf("\tSistema non POSIX\n");
    #endif

    #ifdef _XOPEN_UNIX
        printf("\tSistema X/Open\n");
        #ifdef _XOPEN_VERSION
            printf("\t\tVersione X/Open :
%d\n",_XOPEN_VERSION);
        #else
            printf("\t\tErrore: non è definito il
simbolo _XOPEN_VERSION\n");
        #endif
    #else
```

```
        printf("\tSistema non X/Open\n");
#endif
return 0;
}
```

# 4. Comunicazioni inter-processo

> I think the major good idea in Unix was its clean and
> simple interface: open, close, read, and write.
> Ken Thompson

Nei sistemi unix storici, i processi potevano comunicare tra loro attraverso i files, i segnali e le Pipe; in un secondo tempo furono aggiunti i FIFO (anche conosciuti come *named-pipes*, in quanto si tratta di Pipe aventi un identificativo univoco – un nome – nel filesystem), i semafori, le message queues (code di messaggi), la memoria condivisa ed i socket. Ognuna di queste tecniche di comunicazione interprocesso ha i suoi punti di forza e le sue debolezze, ed ognuna occupa una sua propria nicchia, composta dalle applicazioni che richedono un dato tipo di comunicazione.

Relativamente a message queues, semafori e memoria condivisa, esistono due differenti tipologie di API: le IPC system V e le IPC Posix; il primo gruppo nasce come insieme di facilities di comunicazione interprocesso nello unix AT&T, chiamato Unix System V (1983); il secondo gruppo è rappresentato dalle IPC definite dalla Posix e risale agli anni '90.

Praticamente tutti i sistemi operativi unix-like implementano le tecniche IPC citate – nella versione Sytem V per quanto riguarda message queues, semafori e memoria condivisa. Alcuni unix commerciali (il sistema Solaris della SUN e HP/UX, per esempio) implementano inoltre anche le IPC Posix.

## *Panoramica*

Possiamo suddividere le diverse forme di IPC in categorie, in base allo spazio di indirizzamento cui fanno riferimento le informazioni passate tra i processi: queste possono risiedere sul filesystem, e l'accesso ad esse passa per il kernel, attraverso system call come read, write eccetera; possono risiedere in kernel space, oppure possono risiedere in user space e non richiedere alcun intervento del kernel per accedervi.

Possiamo inoltre caratterizzare le IPC attraverso la loro *persistenza*:

- le IPC processo-persistenti esistono fintanto che l'ultimo processo che le utilizza non chiude l'oggetto IPC.
- le IPC kernel-persistenti esistono sino al riavvio del sistema, o sino alla loro cancellazione esplicita.
- le IPC filesystem-persistenti esistono fintanto che non sono cancellate esplicitamente.

Un altro aspetto della comunicazione tra processi riguarda la protezione delle risorse condivise: ogni sistema concorrente deve offrire dei meccanismi per isolare le sezioni critiche dei processi: generalmente si parla in questo caso di semafori o mutex (dalle parole inglesi mutual exclusion).

Si osservi che una gestione impropria della sincronizzazione tra processi può portare al verificarsi di una situazione di *priority inversion* (a questo proposito si veda il capitolo sulla schedulazione).

## Pipe e FIFO

le Pipe sono la prima forma di IPC introdotta in unix; la loro invenzione e prima implementazione si deve a Doug McIlroy, responsabile del laboratorio AT&T in cui Ken Thompson e Dennis Ritchie crearono unix.
Le informazioni passate attraverso le pipe sono mantenute in kernel space.
uno dei problemi delle pipes come IPC è che sono utilizzabili soltanto tra processi che abbiano un antenato comune (per esempio una relazione padre-figlio). Per ovviare a questo problema si ricorre ai FIFO, anche noti come pipe nominate (name pipes), nel senso che hanno un nome nel filesystem (come vedremo, la loro creazione non è altro che l'assegnazione di un nodo del filesystem ad un oggetto pipe), indipendente dallo spazio di indirizzamento del processo che li ha creati.
I vantaggi di queste IPC possono essere riassunti nei seguenti punti:
- ➢ semplicità: utilizzano le chiamate di sistema open, read, write...
- ➢ disponibilità su ogni piattaforma unix
- ➢ efficienza[13]
- ➢ funzionano bene sia per scambio di brevi messaggi sia per stream continui di dati

Uno dei problemi che possiamo citare è la possibilità di blocco (o addirittura di deadlock) per il processo che cerchi di effettuare una scrittura su una Pipe o su un FIFO di un messaggio troppo grande (se non è settato O_NONBLOCK), oppure per una scrittura contemporanea da parte di più processi (poiché la scrittura su Pipe o FIFO non è atomica).
Un utilizzo sicuro di Pipe e FIFO è nell'ambito delle comunicazioni tra due soli processi: questo massimizza i vantaggi e permette di evitare le situazioni critiche (letture e scritture multiple), che andrebbero gestite con l'ausilio di semafori, aumentando la complessità dell'applicazione.
Le pipe e i FIFO sono IPC processo-persistenti.

---

13 Pipe e FIFO presentano latenza paragonabile nei kernel Linux della serie 2.6; la serie 2.4 mostra invece una latenza doppia dei FIFO rispetto alle Pipe (per ulteriori dettagli si veda il capitolo sulle prestazioni).

## System V IPC: messages queues

Introdotte nei kernel system V nei primi anni ottanta, non sono limitate ai processi imparentati. Nonostante il nome (la cui valenza è per lo più storica), sono presenti su praticamente tutti i sistemi unix-like, non solo su quelli di derivazione system V.
Come per le pipe, anche per le message queues le informazioni passate vengono mantenute in kernel space.
Questa categoria di message queues è kernel-persistente.

Le message queues System V – da tempo presenti in praticamente tutti i sistemi operativi unix-like – presentano, per applicazioni in ambiti real time, due ordini di problemi:

➢ quando un processo o un thread esegue una chiamata `msgrcv()` per leggere da una message queue, può ottenere un messaggio di qualsiasi priorità. La funzione corrispondente per leggere un messaggio da una message queue Posix, `mq_receive()`, ritorna sempre il primo (ovvero quello spedito prima) messaggio della priorità più alta. Il comportamento delle mq System V è utile nell'utilizzo general-purpose, perché permette lo scambio di messaggi secondo politiche definite a livello di applicazione; purtroppo per lo scambio di messaggi real time questo approccio non è il migliore: è preferibile un paradigma simile a quello delle mq Posix, che accoda i messaggi prima in ordine di priorità, e quindi in ordine di arrivo. Per di più, la politiche deterministiche di lettura dalla mq Posix costano di meno in termini computazionali, rispetto ai meccanismi di selezione dei messaggi system V.

➢ con le message queue system V non è possibile associare una azione all'arrivo di un messaggio; la message queue Posix può generare un segnale, o avviare un thread quando un messaggio arriva in una coda vuota: questo permette l'invio di notifiche o l'esecuzione di procedure definite dall'utente in maniera asincrona.

## Posix IPC: messages queues

Introdotte dallo standard Posix per il tempo reale (1003.1b-1993), possono essere usate sia tra processi imparentate sia tra processi non imparentati su un singolo computer.
Se l'implementazione utilizza i file mappati, queste message queues sono filesystem-persistenti, altrimenti sono kernel-persistenti.

Relativamente alle IPC SystemV e Posix, si è venuta a creare una curiosa situazione per cui le API System V (benchè non standard) risultano fornire una piattaforma IPC estremamente portabile, data la loro universale presenza; mentre le IPC standard Posix, nate espressamente come supporto alla portabilità sono di fatto molto meno presenti e supportate sui sistemi reali.

> Al contrario di quanto ci si potrebbe aspettare, una regola empirica suggerisce che, se dovete scrivere software che prevedete di portare su diversi flavour di unix, è certamente più sicuro fare uso di message queues IPC System V piuttosto che Posix.

## Semafori

I semafori Posix sono almeno kernel-persistenti e, se implementati tramite files mappati, sono filesystem-persistenti; i semafori System V sono kernel-persistenti.

## Memoria condivisa

due o più processi possono richiedere una regione di memoria condivisa, che possa essere indirizzata da entrambi. Una volta che la memoria condivisa è stata assegnata, l'accesso ad essa è totalmente demandato ai processi e non coinvolge più alcuna system call.

Questa è la ragione per cui in termini di efficienza, la memoria condivisa è estremamente rapida come sistema di comunicazione interprocesso: una system call "costa" almeno un cambio di contesto userspace/kernelspace, quindi meno chiamate al kernel vengono effettuate durante l'accesso ai dati, migliore saranno le performance.

Come per le messages queues ed i semafori, anche per la memoria condivisa esistono due differenti specifiche: la memoria condivisa system V e quella della norma Posix.

La memoria condivisa secondo il modello system V è kernel-persistente, mentre la shared memory Posix può essere filesystem-persistente quando implementata attraverso dei files mappati.

## RPC - remote procedure calls

introdotte come un metodo per esportare funzionalità residenti su un host (server) richiamabili da applicazioni residenti su un altro host (client).

# Prestazioni

## Latenza

Questo tipo di misura indica la bontà di una tecnologia per l'uso come metodo di sincronizzazione: una bassa latenza garantisce che la IPC non introduca un eccessiv ritardo tra la spedizione e la ricezione di un messaggo tra i processi.

Per valutare le prestazioni di un dato meccanismo di IPC misuriamo quanto tempo intercorre tra l'invio di un piccolo messaggio IPC da un processo ad un altro, ed il suo ritorno: sostanzialmente usiamo il round trip time come indicatore della latenza della IPC.

## Pipe

Vediamo il codice per la misurazione della latenza della Pipe; al programma viene passato un parametro numerico che verrà usato come numero delle iterazioni: ogni iterazione vedrà l'esecuzione di un invio di un carattere su Pipe e la successiva ricezione su una seconda Pipe. Viene misurato il tempo impiegato all'esecuzione di tutte le iterazioni, il quale diviso per il numero delle iterazioni darà una misura del round trip time medio.

> Nota: il codice presentato in questo capitolo utilizza una serie di header files, che sono stati accorpati per comodità in un unico header, ipc.h, incluso in tutti i programmi di test; il codice di questo header è disponibile all'indirizzo `http://www.gldm.it`

Dopo la creazione delle due Pipe necessarie alla comunicazione, il programma esegue una chiamata a `fork()`: il processo figlio resta in ascolto sulla Pipe1; quando arriva un messaggio, viene istantaneamente effettuato un echo sulla Pipe2.

Il padre, come già accennato, esegue una chiamata `clock_gettime` che registra in una struttura `timespec` le informazioni sull'istante temporale corrente. Una volta fatto questo, viene eseguita la routine di invio sulla Pipe1 e ricezione dalla Pipe2 di un singolo byte, per un dato numero di volte. Al termine delle iterazioni, una seconda chiamata a `clock_gettime` registra l'istante in una seconda `timespec`.

La sottrazione tra i due istanti (effettuata dalla funzione `tv_sub` ), divisa per il numero di iterazioni, viene stampata a video.

```
#include    "../include/ipc.h"
```

```
//prototipi
void doit (int readfd, int writefd);
void tv_sub (struct timespec *out, struct timespec *in);

int main (int argc, char **argv)
{
  int i, nloop, pipe1[2], pipe2[2];
  char c;
  pid_t childpid;
  struct timespec rt_start, rt_stop;
  double nanosecondi;

  if (argc != 2)
      {
            printf("sintassi: lat_pipe <#iterazioni>\n");
            exit(1);
      }
  nloop = atoi (argv[1]);

  pipe (pipe1);
  pipe (pipe2);

  if ((childpid = fork ()) == 0)
    {
      for (;;)
      {
        /* figlio */
        if (read (pipe1[0], &c, 1) != 1)
          {
          printf("errore in lettura\n");
          exit(1);
          }
        write (pipe2[1], &c, 1);
      }
      exit (0);
    }
  /* padre */
  doit (pipe2[0], pipe1[1]);
  // Start
  clock_gettime (CLOCK_real time, &rt_start);
  for (i = 0; i < nloop; i++)
```

```
    doit (pipe2[0], pipe1[1]);
  // Stop
  clock_gettime (CLOCK_real time, &rt_stop);
  tv_sub (&rt_stop, &rt_start);
  nanosecondi = rt_stop.tv_nsec + 1000000000.0 *
rt_stop.tv_sec;
  printf ("latenza: %.3f nsec\n", nanosecondi / nloop);
  kill (childpid, SIGTERM);
  exit (0);
}

void doit (int readfd, int writefd)
{
  char c;

  write (writefd, &c, 1);
  if (read (readfd, &c, 1) != 1){
    printf("errore in lettura\n");
    exit(1);
    }
}
```

```
// sottrazione tra strutture timespec
void tv_sub (struct timespec *out, struct timespec *in)
{
  if ((out->tv_nsec -= in->tv_nsec) < 0)
    {
      --out->tv_sec;
      out->tv_nsec += 1000000000.0;
    }
  out->tv_sec -= in->tv_sec;
}
```

## *FIFO*

Per la misurazione della latenza nel caso dei FIFO, è stato mantenuto lo stesso approccio: prima della `fork()`, anziché creare le due Pipe con la chiamata di sistema `pipe()`, si creeranno due FIFO con `mkfifo()`.

```
if ((mkfifo (MYFIFO1, FILE_MODE) < 0) && (errno !=
EEXIST)) {
    printf ("errore nella creazione del FIFO %s\n",
MYFIFO1);
    exit(1);
    }

if ((mkfifo (MYFIFO2, FILE_MODE) < 0) && (errno !=
EEXIST)) {
    printf ("errore nella creazione del FIFO %s\n",
MYFIFO2);
    exit(1);
    }
```

Il figlio apre un FIFO in lettura ed uno in scrittura, dopodichè entra in un ciclo infinito di lettura da un FIFO e scrittura (echo) sull'altro:

```
/* codice del figlio */
writefd = open (MYFIFO2, O_WRONLY, 0);
readfd = open (MYFIFO1, O_RDONLY, 0);
for (;;)
   {
      if (read (readfd, &c, 1) != 1){
        printf ("errore in lettura\n");
        exit(1);
        }
      write (writefd, &c, 1);
   }
exit (0);
```

Il padre, esattamente come per la misura della latenza della Pipe, registra l'istante temporale in una struttura `timespec`, esegue un ciclo di iterazioni di scrittura / lettura, quindi misura con l'ausilio di una seconda `timespec` il tempo intercorso.

```
  /* codice del padre */
  readfd = open (MYFIFO2, O_RDONLY, 0);
  writefd = open (MYFIFO1, O_WRONLY, 0);
  doit (readfd, writefd);

  // Start
  clock_gettime (CLOCK_real time, &rt_start);

  for (i = 0; i < nloop; i++)
    doit (readfd, writefd);

  // Stop
  clock_gettime (CLOCK_real time, &rt_stop);
  tv_sub (&rt_stop, &rt_start);
  nanosecondi = rt_stop.tv_nsec + 1000000000.0 *
rt_stop.tv_sec;
  printf ("latenza: %.3f nsec\n", nanosecondi / nloop);

  //chiusura
  kill (childpid, SIGTERM);
  close (readfd);
  close (writefd);
  unlink (MYFIFO1);
  unlink (MYFIFO2);
  exit (0);
}

void doit (int readfd, int writefd)
{
  char c;
  write (writefd, &c, 1);
  if (read (readfd, &c, 1) != 1) {
    printf ("errore in lettura\n");
    exit(1);
    }
}
```

## *Message queues System V*

Per quanto riguarda le message queues System V, la chiamata per la creazione della coda di messaggi è:

```
msgid = msgget (IPC_PRIVATE, IPC_CREAT | SVMSG_MODE);
```

in questo caso il figlio esegue questo codice:

```
for (;;)
      {
      /* figlio */
      if (msgrcv (msgid, &inbuf, sizeof (inbuf.mtext), 1,
0) != 0) {
            printf ("errore nella chiamata msgrcv\n");
            exit(1);
            }
      msgsnd (msgid, &child2p, 0, 0);
      }
exit (0);
```

mentre il padre esegue le misurazioni temporali:

```
/* padre */
 doit (msgid);
 //Start
 clock_gettime (CLOCK_real time, &rt_start);
 for (i = 0; i < nloop; i++)
      doit (msgid);
 // Stop
 clock_gettime (CLOCK_real time, &rt_stop);
 tv_sub (&rt_stop, &rt_start);
 nanosecondi = rt_stop.tv_nsec + 1000000000.0 *
rt_stop.tv_sec;
 printf ("latenza: %.3f nsec\n", nanosecondi / nloop);
 // chiusura
 kill (childpid, SIGTERM);
 msgctl (msgid, IPC_RMID, NULL);
 exit (0);
```

La funzione di invio del padre è la seguente:

```
void doit (int msgid)
{
  msgsnd (msgid, &p2child, 0, 0);
  if (msgrcv (msgid, &inbuf, sizeof (inbuf.mtext), 2,
0) != 0) {
    printf("errore nella chiamata msgrcv\n");
    exit(1);
    }
}
```

## Segnali

Per i segnali si procede in questo modo: viene associato un handler a tre differenti segnali: SIGUSR1, SIGUSR2 e SIGTERM; di seguito sono riportati i tre handler.

il segnale SIGUSR1 verrà inviato dal padre al figlio, l'handler semplicemente invia un segnale SIGUSR2 al padre.

```
void sig_usr1 (int signo)/* il figlio ha ricevuto USR1 */
{
  kill (parentpid, SIGUSR2); /* il figlio manda USR2 */
  return;
}
```

il segnale SIGUSR2 verrà inviato dal figlio al padre:l'handler incrementa un contatore, verificando che il numero prestabilito di iterazioni non sia ancora stato raggiunto: una iterazione consiste nell'invio al figlio del segnale SIGUSR1; al termine delle iterazioni il padre invia un SIGTERM a sé stesso.

```
void sig_usr2 (int signo) /* il padre ha ricevuto USR1 */
{
  if (++counter < nloop)
    kill (childpid, SIGUSR1);/* il padre manda USR1 */
  else
    kill (parentpid, SIGTERM);/* il padre termina */
  return;
}
```

il segnale SIGTERM è inviato dal padre a se stesso al termine delle iterazioni, e l'handler del segnale esegue le misurazioni temporali:

```
void sig_term (int signo)
{
```

```
  double nanosecondi;
  // Stop
  clock_gettime (CLOCK_real time, &rt_stop);
  tv_sub (&rt_stop, &rt_start);
  nanosecondi = rt_stop.tv_nsec + 1000000000.0 *
rt_stop.tv_sec;
  printf ("latenza: %.3f nsec\n", nanosecondi / nloop);
  // chiusura
  kill (childpid, SIGTERM);
  exit (0);
}
```

Il programma principale è riportato di seguito:

```
int main (int argc, char **argv)
{

  if (argc != 2) {
    printf("sintassi: lat_signal <#iterazioni>\n");
    exit(1);
    }
  nloop = atoi (argv[1]);
  counter = 0;

  parentpid = getpid ();
  signal (SIGUSR1, sig_usr1); /* segnale per il figlio */
  signal (SIGUSR2, sig_usr2); /* segnale per il padre */
  if ((childpid = fork ()) == 0)
    {
      for (;;)
      {
        /* figlio */
        pause ();
      }
      exit (0);
    }
  /* padre */
  signal (SIGTERM, sig_term);
  //Start
  clock_gettime (CLOCK_real time, &rt_start);
  kill (childpid, SIGUSR1);
  for (;;)
```

```
    pause ();
}
```

## File header comune

di seguito è riportato il codice del file di intestazione utilizzato per i test sulle prestazioni delle facilities Inter Process Communications

ipc.h

```
#include <sys/types.h>
#include <sys/time.h>
#include <time.h>
#include <errno.h>
#include <fcntl.h>
#include <limits.h>
#include <signal.h>
#include <stdio.h>
#include <stdlib.h>
#include <string.h>
#include <sys/stat.h>
#include <sys/wait.h>
#include <unistd.h>

//#include <mqueue.h>  // Posix message-queues -

//#include <sys/ipc.h> // system V IPC (NON-LINUX)
//#include <sys/msg.h> // system V mq (NON-LINUX)
#include <linux/ipc.h> // system V IPC (LINUX)
#include <linux/msg.h> // system V mq (LINUX)

#include <sys/select.h>
#include <poll.h>
#include <stropts.h>
#include <strings.h>
#include <sys/ioctl.h>
//#include <sys/filio.h> // non sempre presente

// definizioni
#define MSG_R 0400
#define MSG_W 0200
#define SVMSG_MODE (MSG_R|MSG_W|MSG_R>>3|MSG_R>>6)
```

```
#define FILE_MODE (S_IRUSR|S_IWUSR|S_IRGRP|S_IROTH)
#define MAX_PATH 1024
#define MAXLINE 4096
#define BUFFSIZE  8192
```

## Risultati

I test sono stati effettuati su tre macchine differenti e con quattro diversi sistemi operativi.

Macchine di test

| Processore | Intel Pentium 2 *"Deschutes"* 450 MHz | Intel Celeron *"Coppermine"* 700MHz | AMD Athlon 1.2 GHz | AMD Athlon 1.2 GHz |
|---|---|---|---|---|
| Memoria | 128 MB DRAM | 192 MB DRAM | 1 GB DDR | 1 GB DDR |
| Kernel | Linux 2.4.19 | Linux 2.6.10 | Linux 2.4.21 | Linux 2.6.15 |
| Compilatore | gcc 3.2 | gcc 3.3.5 | gcc 3.2.2 | gcc 4.03 |
| Libc | glibc 2.2.5 | glibc 2.3.2 | glibc 2.3.1 | glibc 2.3.6 |

Naturalmente moltissimi fattori influenzano i risultati dei test di performance, non si vuole dare una valutazione assoluta né generale: si cerca piuttosto di verificare in maniera approssimativa quali possano essere le latenze da aspettarsi in base alla tipologia di IPC e al sistema operativo ospite.

Tutti i test mostrati in questo testo sono stati effettuati mediando una serie di esecuzioni dei programmi presentati, ognuna delle quali è stata avviata con un parametro di iterazioni dell'ordine delle decine di migliaia.

In figura 12 sono riportati i valori grezzi dei test; a valori inferiori corrispondono prestazioni migliori.

Una prima osservazione sui risultati è che, escludendo la macchina Pentium 2 a 450MHz, tutti i test di latenza su tutte le IPC hanno dato risultati (mediamente) inferiori ai 12 microsecondi; questo significa che con un hardware relativamente recente le facilities di comunicazione interprocesso di GNU/Linux 2.4 o 2.6 possono supportare la chiusura di un loop soft real time a 80kHz[14].

Una ulteriore analisi del grafico rivela che le prestazioni dei kernel 2.6 non sono migliori rispetto a quelle dei kernel 2.4; in particolare la latenza della Pipe in una macchina a 450 Mhz e kernel 2.4 è paragonabile a quella ottenuta su un Athlon 1.2GHz e kernel 2.6 (per un discorso più approfondito sul confronto tra le due

---

14 Si osservi che stiamo trascurando un importante aspetto (che rappresenta il principale collo di bottiglia per l'implementazione di un sistema di questo tipo): la capacità dello scheduler di garantire l'esecuzione dei processi secondo una dinamica temporale periodica con bassi e infrequenti ritardi.

versioni del kernel Linux si rimanda ai capitoli seguenti).

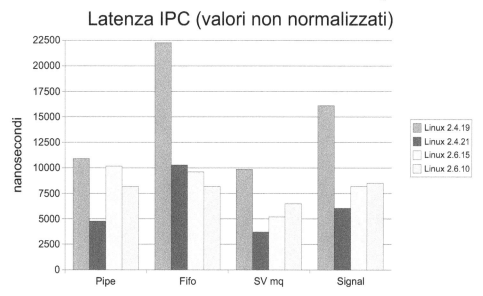

*Figura 16: misure di latenza IPC (minore è meglio)*

Inaspettatamente le prestazioni migliori in assoluto non sono state ottenute sempre dalla macchina più potente: il test sui FIFO ha premiato il Celeron 700MHz con kernel 2.6.10; in tutti gli altri test ha prevalso la macchina Athlon 1.2GHz con kernel 2.4.21.

Poiché la Pipe è la funzionalità IPC nata per prima e certamente una delle più utilizzate nella programmazione unix, vediamo le prestazioni delle altre IPC normalizzate sul risultato in latenza ottenuto dalle Pipe; in figura 13 possiamo vedere un andamento piuttosto simile per i kernel della serie 2.4: i FIFO hanno latenza pressochè doppia rispetto alle Pipe, le message queues danno performance confrontabili alle Pipe e leggermente migliori, mentre i segnali sono mediamente più lenti di un 25 – 50%.

Nei kernel 2.6 le prestazioni delle differenti IPC sono meno variabili rispetto alle Pipe: i FIFO hanno praticamente la stessa latenza, i segnali e le message queues hanno latenze dello stesso ordine di grandezza; l'unica osservazione in questo ambito potrebbe evidenziare una particolare efficienza nel meccanismo delle message queues sotto Linux 2.6.15, che hanno prestazioni in latenza doppie rispetto alle Pipe.

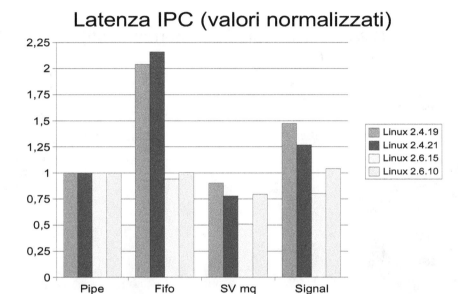

*Figura 17: misure di latenza normalizzate sulla pipe*

Dalle misure effettuate (che non vogliono essere esaustive) emerege in ogni caso un'indicazione che mette in primo piano la particolare efficienza delle message queues nei kernel Linux.

## *Larghezza di banda*

Le misure di larghezza di banda danno un'indicazione della velocità con cui è possibile spostare i dati attraverso il canale IPC; i test vengono effettuati inviando grosse quantità di dati (multipli di un megabyte) da un processo ad un altro. Uno dei parametri utilizzati è la dimensione della singola scrittura sul canale: si intende ricercare una correlazione tra la dimensione dei dati per singola operazione e la larghezza di banda.

### *Pipe*

Il programma per misurare la larghezza di banda della Pipe funziona nel modo seguente: innanzitutto viene allocato un buffer con dimensione pari al blocco di dati per operazione, quindi vengono create le Pipe.

Attraverso una chiamata `fork()` il processo padre crea un processo figlio. Il figlio esegue la funzione `writer`, mentre il padre esegue un ciclo di iterazioni, in gonuna delle quali viene eseguita la funzione `reader`.

```
#include    "../include/ipc.h"

// prototipi
void reader (int, int, int);
void writer (int, int);
int touch (void *vptr, int nbytes);
void tv_sub (struct timespec *out, struct timespec *in);

void *buf;
int totalnbytes, xfersize;

int main (int argc, char **argv)
{
  int i, nloop, contpipe[2], datapipe[2];
  pid_t childpid;
  struct timespec rt_start, rt_stop;
  double nanosecondi, banda;

  if (argc != 4) {
    printf("sintassi: bw_pipe <#iterazioni> <#mbytes>
<#bytes/scrittura>");
    exit(1);
```

```
    }
    nloop = atoi (argv[1]);
    totalnbytes = atoi (argv[2]) * 1024 * 1024;
    xfersize = atoi (argv[3]);

    buf = valloc (xfersize);

    pipe (contpipe);
    pipe (datapipe);

    if ((childpid = fork ()) == 0)
      {
        /* figlio */
        writer (contpipe[0], datapipe[1]);
        exit (0);
      }

    /* padre */
    // Start
    clock_gettime (CLOCK_real time, &rt_start);
    for (i = 0; i < nloop; i++)
      reader (contpipe[1], datapipe[0], totalnbytes);
    // Stop
    clock_gettime (CLOCK_real time, &rt_stop);
    tv_sub (&rt_stop, &rt_start);
    nanosecondi = rt_stop.tv_nsec + 1000000000.0 *
rt_stop.tv_sec;
    banda = 1000 * (totalnbytes / nanosecondi) * nloop;
    printf ("banda: %f MB/sec\n", banda);
    kill (childpid, SIGTERM);
    exit (0);
}
```

La funzione writer (chiamata dal processo figlio) esegue un ciclo infinito, all'interno del quale rimane in attesa di un messaggio sulla pipe di controllo. Quando arriva il messaggio (contenente il numero totale di bytes da inviare sul canale), inizia a scrivere sulla Pipe blocchi di bytes fino a raggiungere le dimensioni del trasferimento richieste.

```
void writer (int contfd, int datafd)
{
  int ntowrite;
```

```
for (;;)
  {
    read (contfd, &ntowrite, sizeof (ntowrite));
    while (ntowrite > 0)
    {
      write (datafd, buf, xfersize);
      ntowrite -= xfersize;
    }
  }
}
```

La funzione reader (chiamata dal processo padre), scrive sulla pipe di controllo un intero che rappresenta il numero di bytes totali da trasferire, dopodichè inizia a leggere dalla Pipe dati i dati trasmessi dal figlio; ad ogni lettura vengono estratti dalla Pipe tanti bytes quanto è il blocco per operazione, passato come parametro al programma.

```
void reader (int contfd, int datafd, int nbytes)
{
  ssize_t n;
  write (contfd, &nbytes, sizeof (nbytes));
  while ((nbytes > 0) && ((n = read (datafd, buf,
xfersize)) > 0))
    {
      nbytes -= n;
    }
}
```

Come per le misure sulla latenza, viene utilizzata la funzione tv_sub per ottenere la sottrazione tra due strutture timespec:

```
// sottrazione tra strutture timespec
void tv_sub (struct timespec *out, struct timespec *in)
{
  if ((out->tv_nsec -= in->tv_nsec) < 0)
    {
      --out->tv_sec;
      out->tv_nsec += 1000000000.0;
    }
  out->tv_sec -= in->tv_sec;
}
```

## Risultati

L'andamento della larghezza di banda è rappresentato in figura 18, dove l'asse delle ordinate misura la banda in kBytes per secondo.

Si può osservare una crescita logaritmica della banda all'aumentare del numero i bytes coinvolti dalla singola operazione I/O (non tragga in inganno andamento grafico lineare: la scala delle ascisse è logaritmica) sino a 8kB.

Le migliori performance in bandwith si hanno per trasferimenti in blocchi compresi tra 8kB e 32 kB, dopodichè la banda tende a diminuire bruscamente.

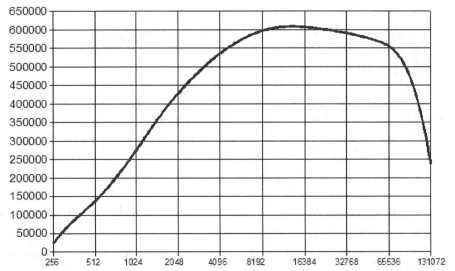

*Figura 18: pipe - larghezza di banda nel trasferimento di 1 MB*

Il grafico rappresentato in figura 18 è relativo ai test effettuati sulla macchina AMD Athlon 1.2GHz con kernel Linux 2.6.15.

## FIFO

Il programma di test relativo al FIFO è piuttosto simile a quanto visto per la Pipe:

```
#include   "../include/ipc.h"
#define MYFIFO   "/tmp/fifo.1"

// prototipi
void reader (int, int, int);
void writer (int, int);
void tv_sub (struct timespec *out, struct timespec *in);

void *buf;
int totalnbytes, xfersize;

int
main (int argc, char **argv)
{
  int i, nloop, readfd, writefd, contpipe[2];
  pid_t childpid;
  struct timespec rt_start, rt_stop;
  double nanosecondi, banda;

  if (argc != 4){
     printf ("sintassi: bw_fifo <#iterazioni> <#mbytes>
<#bytes/scrittura>\n");
    exit(1);
    }
  nloop = atoi (argv[1]);
  totalnbytes = atoi (argv[2]) * 1024 * 1024;
  xfersize = atoi (argv[3]);

  buf = valloc (xfersize);

  pipe (contpipe);

   if ((mkfifo (MYFIFO, FILE_MODE) < 0) && (errno !=
EEXIST)){
    printf ("can't create %s\n", MYFIFO);
    exit(1);
    }
```

```
if ((childpid = fork ()) == 0)
  {
    /* figlio */
    writefd = open (MYFIFO, O_WRONLY, 0);
    writer (contpipe[0], writefd);
    exit (0);
  }
/* padre */
readfd = open (MYFIFO, O_RDONLY, 0);
// Start
clock_gettime (CLOCK_real time, &rt_start);

for (i = 0; i < nloop; i++)
  reader (contpipe[1], readfd, totalnbytes);

// Stop
clock_gettime (CLOCK_real time, &rt_stop);
tv_sub (&rt_stop, &rt_start);
  nanosecondi  =  rt_stop.tv_nsec  +  1000000000.0  *
rt_stop.tv_sec;
banda = 1000 * (totalnbytes / nanosecondi) * nloop;
printf ("banda: %f MB/sec\n", banda);
kill (childpid, SIGTERM);
close (readfd);
unlink (MYFIFO);
exit (0);
}
```

per la sincronizzazione viene usata una pipe, mentre per il trasferimento dei dati viene usato un FIFO, aperto in scrittura dal processo figlio ed in lettura dal processo padre; le funzioni writer e **reader** sono le stesse viste nel caso della Pipe.

## Risultati

In figura 19 abbiamo un raffronto tra un trasferimento su canale FIFO di 1 megabytes e di 2 megabytes di dati totali: gli andamenti sono sostanzialmente coincidenti sino a 16kB per operazione I/O; si evidenzia un'unica differenza per operazioni da 32kB, in cui la banda ha iniziato a diminuire in modo più consistente nel test da 1 MB.

Anche in questo grafico le ordinate si misurano in kB/s.

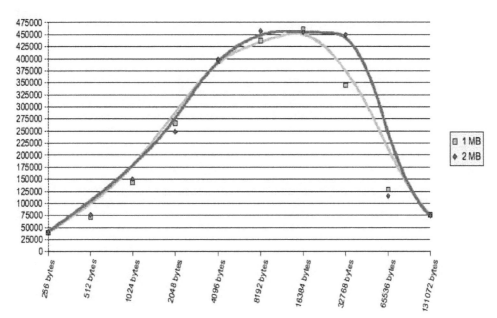

*Figura 19: fifo - larghezza di banda per trasferimenti di 1 e 2 MB*

Il grafico rappresentato in figura 19 si riferisce ai test effettuati sulla macchina
Celeron 700 MHz con kernel Linux 2.6.10.

## Message queue System V

Anche nel caso delle code di messaggi, il programma di test va modificato in modo da creare una message queue con la system call `msgget()`; per la sincronizzazione tra processo padre e processo figlio viene ancora usata una Pipe.

```c
#include    "../include/ipc.h"

// prototipi
void reader (int, int, int);
void writer (int, int);
void tv_sub (struct timespec *out, struct timespec *in);

struct msgbuf *buf;
int totalnbytes, xfersize;

int
main (int argc, char **argv)
{
  int i, nloop, contpipe[2], msqid;
  pid_t childpid;
  struct timespec rt_start, rt_stop;
  double nanosecondi, banda;

  if (argc != 4) {
    printf("sintassi: bw_svmsg <#iterazioni> <#mbytes>
<#bytes/scrittura>\n");
    exit(1);
    }
  nloop = atoi (argv[1]);
  totalnbytes = atoi (argv[2]) * 1024 * 1024;
  xfersize = atoi (argv[3]);

  buf = valloc (xfersize);
  buf->mtype = 1;

  pipe (contpipe);
  msqid = msgget (IPC_PRIVATE, IPC_CREAT | SVMSG_MODE);

  if ((childpid = fork ()) == 0)
    {
```

```
      /* figlio */
      writer (contpipe[0], msqid);
      exit (0);
    }

  /* padre */
  // Start
  clock_gettime (CLOCK_real time, &rt_start);

  for (i = 0; i < nloop; i++)
    reader (contpipe[1], msqid, totalnbytes);

  // Stop
  clock_gettime (CLOCK_real time, &rt_stop);
  tv_sub (&rt_stop, &rt_start);
  nanosecondi = rt_stop.tv_nsec + 1000000000.0 *
rt_stop.tv_sec;
  banda = 1000 * (totalnbytes / nanosecondi) * nloop;
  printf ("banda: %.3f MB/sec\n", banda);

  kill (childpid, SIGTERM);
  msgctl (msqid, IPC_RMID, NULL);
  exit (0);
}
```

La funzione writer (invocata dal processo figlio) effettua una chiamata a msgsnd anziché a write, come per Pipe e FIFO.

```
void writer (int contfd, int msqid)
{
  int ntowrite;

  for (;;)
    {
      read (contfd, &ntowrite, sizeof (ntowrite));

      while (ntowrite > 0)
        {
          msgsnd (msqid, buf, xfersize - sizeof (long), 0);
          ntowrite -= xfersize;
        }
```

```
        }
}
```

La funzione `reader`, chiamata dal processo padre, legge dalla message queue con la chiamata a `msgrcv`:

```
void reader (int contfd, int msqid, int nbytes)
{
  ssize_t n;

  write (contfd, &nbytes, sizeof (nbytes));

  while ((nbytes > 0) &&
      ((n = msgrcv (msqid, buf, xfersize - sizeof
(long), 0, 0)) > 0))
    {
      nbytes -= n + sizeof (long);
    }
}
```

### Risultati

Poiché la dimensione massima di un messaggio System V è determinato dalla costante MSGMAX, è necessario verificare il valore di questo parametro prima di avviare i test: su un sistema GNU/Linux con kernel 2.6 si può lanciare il seguente comando da shell:

```
$ cat /proc/sys/kernel/msgmax
```

Il valore ritornato nei sistemi testati è stato 8192 bytes; quindi le misure di banda per quanto riguarda le code di messaggi sono state effettuate per messaggi da 128 bytes a 8kbytes.

In figura 20 è mostrato un grafico aggregato dei test effettuati per trasferimenti totali di quantità di dati variabili tra 1 e 15 megabytes; sulle ordinate i valori sono espressi in kB/s.
Come si può osservare dalla figura, non emergono particolari indicazioni sulla bandwidth in base alle quantità di dati totali trasferiti; il range di valori risultanti per

una data dimensione del messaggio rientra nella variabilità dovuta al carico del sistema. Ciò che emerge chiaramente è il prevedibile aumento della larghezza di banda con la crescita della dimensione del messaggio.

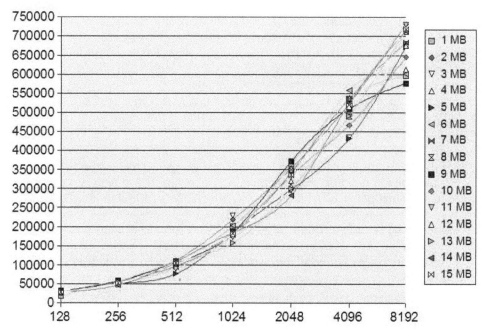

*Figura 20: message queues- larghezza di banda - misure aggregate*

Il grafico rappresentato in figura 20 si riferisce ai test effettuati sulla macchina AMD Athlon 1.2GHz con kernel Linux 2.6.15.

## *Confronto kernel 2.4 – 2.6*

Nel passaggio dai kernel della serie 2.4 alla serie 2.6, sono stati introdotti in Linux alcuni cambiamenti che rappresentano un miglioramento delle prestazioni in ambito soft real time: innanzitutto sono stati inseriti dei *pre-emption point* all'interno del kernel; nelle versioni della serie 2.2 e 2.4 lo scheduler non può interrompere un processo mentre questo sta effettuando una chiamata di sistema e deve attendere il ritorno della system call; naturalmente questo rappresenta un problema poiché costringe ad un'attesa potenzialmente prolungata un processo con priorità maggiore.

I kernel della serie 2.6, pur non essendo completamente pre-emptible, presentano delle sezioni in cui lo scheduler può intervenire e revocare la CPU al processo corrente per eseguire un processo a più alta priorità; la conseguenza è una maggiore reattività del sistema in confronto a Linux 2.4.

> Gli algoritmi di scheduling sono stati in gran parte riscritti, per migliorare la rapidità di esecuzione degli algoritmi stessi: nella serie 2.4 lo scheduler per stabilire le priorità dinamiche dei processi in esecuzione impiega un tempo proporzionale al numero di processi nel sistema, mentre nella serie 2.6 non viene fatta una scansione di ogni processo: quando un processo entra nello stato PRONTO, viene inserito in un'opportuna posizione di una coda ordinata, detta *current queue*. Lo scheduler deve semplicemente selezionare il task che si trova nella prima posizione della coda; lo scheduling richiede un tempo costante, che non dipende dal numero di processi in esecuzione al momento dello scheduling.
> Una volta terminato il time slice del processo attivo, esso viene inserito in una seconda coda, detta *expire queue*, in una posizione corrispondente alla sua priorità. Quando la *current queue* è vuota, essendo stati eseguiti tutti i processi presenti, la *expire queue* e la *current queue* vengono scambiate: in questo modo si ottiene una nuova *current queue* già ordinata per priorità.

Un ulteriore miglioramento introdotto nei kernel 2.6 riguarda la possibilità di utilizzare come meccanismo di sincronizzazione dei semafori in user-space con prestazioni molto migliori rispetto ai classici mutex in kernel-space: nella serie 2.4 è necessaria una system call per determinare se un processo che richiede accesso ad una risorsa condivisa può accedervi o deve rimanere bloccato dal mutex. Poiché la chiamata di sistema è costosa in termini di cambio di contesto user -> kernel -> user, le prestazioni di un semaforo che non richieda una system call sono migliori: nella serie 2.6 è possibile controllare il mutex in user space, ed effettuare una chiamata di sistema solo se il processo deve essere bloccato. Inoltre, qualora ci siano più richieste contemporanee sulla risorsa condivisa, è usata la priorità del processo richiedente per ordinare l'accesso alla sezione critica.

## *Latenza*

Per quanto riguarda le prestazioni in latenza delle IPC, però, le indicazioni dei test mostrano un deciso peggioramento nelle comunicazioni su Pipe.

Nella tabella seguente sono riportate le caratteristiche della macchina su cui sono stati effettuati i test presentati in questi paragrafi: si tratta di un computer con due partizioni, su una delle quali è installata una distribuzione GNU/Linux basata sul kernel 2.4, mentre sull'altra è installata una distribuzione basata sul kernel 2.6

| **processore** | Athlon 1.2GHz | Athlon 1.2GHz |
|---|---|---|
| **memoria** | 1 GByte DDR | 1 GByte DDR |
| **kernel** | Linux 2.4.21 | Linux 2.6.15 |
| **compilatore** | GNU gcc 3.2.2 | GNU gcc 4.03 |
| **libreria c** | GNU glibc 2.3.1 | GNU glibc 2.3.6 |

Il diagramma in figura 21 rappresenta in forma grafica i risultati delle prove effetuate.

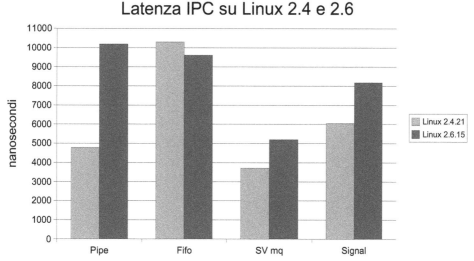

*Figura 21: confronto misure di latenza (minore è meglio)*

Nota: i risultati delle prove presentate in questo testo vanno presi cum grano salis, il principale scopo è servire da traccia per ulteriori indagini e prove, che il lettore è esortato ad effettuare sulle macchine di cui dispone.

### *Larghezza di banda*

Nel seguito sono presentati i diagrammi risultanti dalle prove sulla badwidth effettuate; per ogni canale IPC vengono raffrontate le larghezze di banda per trasferimenti di 1, 2, 5 e 10 megabytes.

### Pipe

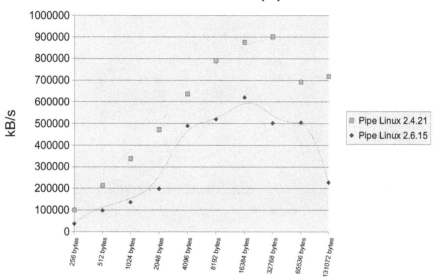

*Figura 22: larghezza di banda Pipe*

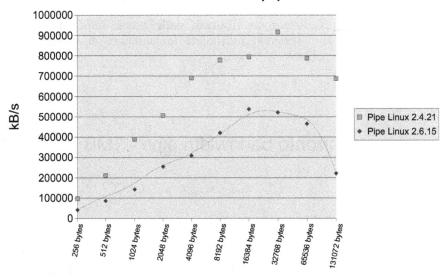

*Figura 23: larghezza di banda Pipe*

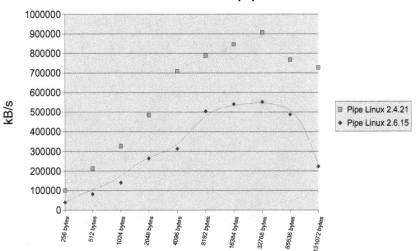

*Figura 24: larghezza di banda Pipe*

## Fifo

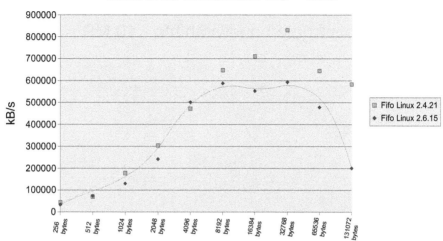

*Figura 25: larghezza di banda FIFO*

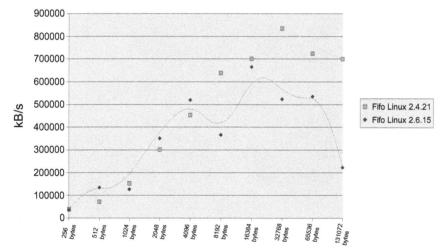

*Figura 26: larghezza di banda FIFO*

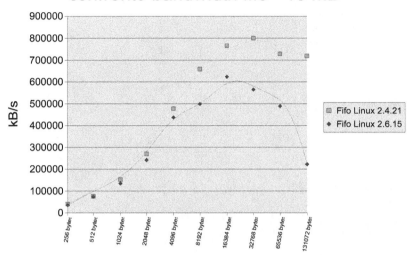

*Figura 27: larghezza di banda FIFO*

## Message queues system V

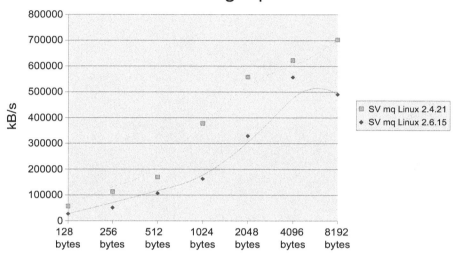

*Figura 28: larghezza di banda Message Queue*

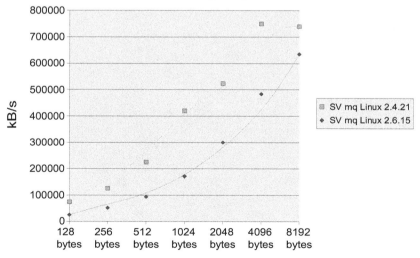

*Figura 29: larghezza di banda Message Queue*

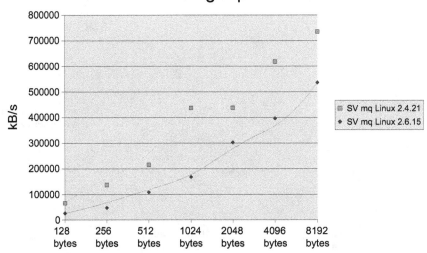

*Figura 30: larghezza di banda Message Queue*

# Parte seconda

# 5. Sistemi Real Time

All the best people in life seem to like LINUX.
Steve Wozniak

Si può parlare di sistema real time come di un sistema di calcolo in cui il corretto funzionamento è legato sia alla validità dei risultati sia al tempo entro cui tali risultati vengono resi disponibili. Fattore essenziale diventa quindi la possibilità di garantire che i risultati richiesti siano prodotti entro un certo tempo. Dunque si può pensare ai sistemi real time come a sistemi la cui caratteristica fondamentale è la prevedibilità. Tale tipo di sistemi sta divenendo sempre più importante in ogni ambito della vita comune. Applicazioni di tipo real time si ritrovano in numerosi settori. Un elenco, assolutamente non esaustivo, potrebbe comprendere:
• sistemi di telecomunicazione;
• controllo di processi produttivi;
• sistemi di controllo del traffico (ferroviario, aereo, marittimo);
• sistemi di acquisizione e monitoraggio ambientale;
• robotica.

## Cos'è un sistema real time?

I sistemi operativi in tempo reale possono essere definiti come sistemi capaci di garantire vincoli temporali ai processi sotto il suo controllo. Deve sostanzialmente essere rapido e predicibile.

**Rapido** nel senso che deve garantire una bassa latenza, cioè che le risposte a eventi esterni ed asincroni, avvenga entro un dato limite temporale. Minore la latenza, migliori saranno le performance di risposta del sistema ad eventi che richiedono un'immediata gestione.

**Predicibile** significa che il sistema è capace di determinare la terminazione di un task entro un tempo predeterminato.

E' desiderabile inoltre che i processi time-critical e le attività non time-critical coesistano nei sistemi real time.

La gestione dei task, che siano processi o thread, è uno dei compiti principali di un generico sistema operativo: i task devono essere creati e distrutti durante il funzionamento del sistema, possono cambiare la propria priorità, possono richiedere l'allocazione di risorse (memoria, I/O, ecc.).

Nel caso di sistemi operativi in tempo reale, la gestione dei task è *più critica* rispetto a quella dei sistemi operativi general purpose: quando un task real time richiede una risorsa, deve ottenerla con la minima latenza possibile e con politiche di protezione: per esempio la memoria allocata per un processo real time deve essere bloccata nella

RAM fisica del computer, perché non deve rientrare negli algoritmi di memory management del sistema operativo, che potrebbe effettuare uno swap su disco delle pagine di memoria allocata.

Inoltre la gestione delle priorità dinamiche dei task può portare potenzialmente a comportamenti non predicibili del sistema; questa è una ulteriore criticità nella valutazione di un sistema operativo in tempo reale stretto.

I sistemi in tempo reale possono essere di due tipi: tempo reale stretto (hard real time) o lasco (soft real time); un sistema hard real time *garantisce* che ogni compito critico sia completato in tempo. Questo richiede che le temporizzazioni del sistema operativo rispondano rigorosamente a vincoli temporali, i quali si traducono in vincoli sulla disponibilità di risorse: capacità di elaborazione, velocità dei processori, della memoria e dell'elettronica connessa. L'utilizzo di memorie di massa è fortemente contenuto o addirittura assente; i sistemi operativi in tempo reale stretto hanno funzioni antitetiche rispetto ai classici sistemi time-sharing.

In molti casi è desiderabile che un sistema operativo presenti funzionalità real time e consenta contemporaneamente la presenza di task non in tempo reale: ovvero processi che non richiedono alcuna garanzia sui tempi di esecuzione; un sistema di questo tipo mette in esecuzione processi non real time solo quando nessun processo real time si trova nello stato READY.

Se la schedulazione dei processi real time causa un elevato carico del sistema, è possibile che processi non real time non vengano mai eseguiti.

E' necessario valutare attentamente caso per caso quale carico computazionale sia sostenibile dal sistema, affinchè abbia senso permettere l'esecuzione di processi non in tempo reale.

La schedulazione dei processi non real time deve avvenire con politiche di scheduling differenti rispetto ai task real time: si avranno cioè due scheduler distinti, con due differenti code dei processi pronti e due differenti algoritmi di assegnazione del processore. Lo scheduler a bassa priorità (ovvero lo scheduler non real time), può gestire la sua ready queue con algoritmi che massimizzino l'utilizzo del processore (shortest job first, round robin,..), fatto salvo che un'operazione di revoca della CPU può avvenire in qualsiasi momento da parte dello scheduler ad alta priorità.

## *Sistemi operativi general purpose*

L'utilizzo di un sistema operativo general purpose, che fornisca prestazioni multitasking operando su una base time-sharing, non dà alcuna garanzia di rispettare i vincoli temporali richiesti da processi di controllo automatico.

Un esempio di sistema operativo general purpose è la versione standard di GNU/Linux, in cui i vincoli temporali richiesti dal sistema di controllo non vengono rispettati, poiché lo scheduler è orientato ad una politica di assegnazione della CPU che tende a mediare due differenti obiettivi: l'occupazione efficiente del tempo di CPU, e la reattività del sistema. Il kernel Linux è di tipo non-preemptive, ovvero un processo a bassa priorità non può essere interrotto mentre sta eseguendo una chiamata di sistema, nemmeno da un processo a priorità maggiore.

In queste condizioni un task con vincoli di tempo reale non ha sufficienti garanzie di essere eseguito nei tempi determinati.

La gestione dei task, che siano processi o thread, è uno dei compiti principali di un sistema operativo: i task devono essere creati e distrutti durante il funzionamento del sistema, essi possono cambiare la propria priorità, possono richiedere l'allocazione di risorse (memoria, I/O, ecc.).

Nel caso di sistemi operativi in tempo reale, la gestione dei task è più critica rispetto a quella dei sistemi operativi general purpose: quando un task real time richiede una risorsa, deve ottenerla con bassa latenza[15] e con politiche di protezione: per esempio la memoria allocata per un processo real time deve essere bloccata nella RAM fisica del computer, perché non deve rientrare nella gestione della memoria virtuale del sistema operativo, che potrebbe effettuare uno swap su disco delle pagine di memoria allocata. Inoltre, la gestione delle priorità dinamiche dei task può portare potenzialmente a comportamenti non predicibili del sistema.

---

15. si definisce latenza di un task la differenza tra l'istante di tempo in cui l'esecuzione del task sarebbe dovuta iniziare (o entro cui sarebbe dovuta terminare) e l'istante in cui è effettivamente iniziata (o terminata); la distribuzione statistica della latenza nel corso del tempo di esecuzione del sistema è detta jitter.

# Tempo reale stretto o lasco?

## Soft real time

I sistemi soft real time sono meno restrittivi: un task critico viene svolto dal sistema con priorità più elevata sugli altri processi; i vincoli di temporizzazione rimangono, poiché non è possibile lasciare in attesa un task real time per un tempo indefinito, ma la schedulazione della CPU è compatibile con l'utilizzo di memorie di massa, ed in generale con tutte le funzionalità "normali" di un sistema operativo desktop moderno. Infatti alcuni sistemi operativi comunemente diffusi sui PC includono funzionalità soft real time per garantire, ad esempio, la corretta visualizzazione di streaming video.

I processi soft real time sono caratterizzati da dealine non stringenti: esse indicano l'istante entro cui il processo deve preferibilmente terminare; il sistema può accettare violazioni di questo vincolo.
Possiamo introdurre anche un secondo vincolo: una deadline di validità, raggiunta la quale l'esecuzione del processo non ha più significato ed esso deve essere terminato. Un esempio potrebbe essere il processo di rendering real time di un frame realtivo ad una animazione 3-D da visualizzare a video: se l'elaborazione della scena non viene effettuata entro il tempo previsto per la visualizzazione del frame, è assolutamente inutile sprecare ulteriori cicli-macchina per terminare il rendering: è preferibile liberare la CPU e passare al rendering dei frame successivi.
La deadline "classica" del processo e la deadline di validità possono coincidere (come in questo caso), ma non è una regola generale: nel caso di processi one-shot la deadline coincide con il minimo tempo di interarrivo del processo.

## Hard real time

Tipicamente un sistema hard real time rappresenta un sistema di controllo computerizzato che gestisce processi produttivi, o in generale, sistemi complessi con i quali l'applicazione real time interagisce.
L'interazione è bidirezionale, e la comunicazione tra l'ambiente e il sistema real time avviene in un verso tramite sensori, e nell'altro attraverso attuatori, ed è caratterizzata da precisi vincoli di tempo.
Naturalmente capita che attività time-critical ed attività normali (come per esempio l'esecuzione di un browser web) coesistano in un sistema real time.
Un sistema in tempo reale lasco è sostanzialmente un sistema che assegna una elevata priorità ai processi critici, ma che non può garantire che ogni occorrenza di un evento critico avvenga esattamente entro i limiti di tempo prefissati; è garantito che in media questo avvenga, ma il sistema operativo tollera una sporadica violazione dei vincoli temporali.

Naturalmente questo comportamento è accettabile quando il processo in tempo reale svolge compiti, poniamo, di streaming multimediale o di rendering grafico per un videogioco; esistono però ambiti di impiego in cui una singola violazione del vincolo temporale può avere conseguenze estremamente dannose, addirittura catastrofiche, per il sistema stesso e per le persone che si affidano ad esso.

Per queste ragioni è imprudente e pericoloso affidare compiti di controllo numerico a sistemi soft real time, poiché questi non garantiscono che un dato compito sia completato entro un tempo massimo stabilito.

## *Applicazioni: sistemi per il controllo automatico*

I sistemi di controllo possono essere divisi a grandi linee in due categorie: sistemi ad anello aperto e sistemi ad anello chiuso. I sistemi che non correggono automaticamente le variazioni del loro output sono sistemi ad anello aperto: questo significa che non c'è feedback tra l'uscita del sistema e gli ingressi dello stesso.

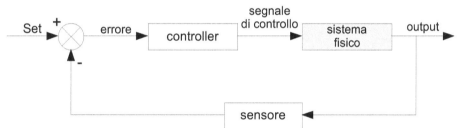

*Figura 31: schema generale di un sistema di controllo*

Come esempio di sistema ad anello aperto si prenda un sistema di controllo semaforico stradale le cui uscite siano calcolate esclusivamente in base a temporizzazioni programmate; il sistema non misura la quantità di traffico prima di elaborare l'uscita.

Al contrario, un sistema che corregga automaticamente ogni cambiamento nell'output monitorando attraverso sensori lo stato del sistema fisico controllato è detto ad anello chiuso.

Un sistema ad anello aperto può diventare a sua volta un sistema ad anello chiuso, qualora si fornisca in ingresso al sistema una misura delle variazioni in corso sul processo controllato.

Il sistema tende a correggere ogni variazione rispetto alla previsione, modificando il proprio output in base all'*errore*, definito come la differenza tra lo stato previsto del sistema e la misura reale del sistema fisico.

# 6. Real Time Linux

The Linux philosophy is 'Laugh in the face of danger'.
Oops. Wrong One. 'Do it yourself'. Yes, that's it.
Linus Torvalds

Tipicamente un sistema operativo real time fornisce un insieme di API che permettono di gestire, dall'interno di un programma, una serie di aspetti essenziali: esistono funzioni che lavorano con i task per crearli, distruggerli, sospendere la loro esecuzione al verificarsi di una condizione oppure alla chiamata a una determinata istruzione; è poi necessario un set di istruzioni per la sincronizzazione tra task, che generalmente si avvalgono di particolari variabili dette semafori.

Altre API comunemente messe a disposizione dal sistema di sviluppo real time riguardano poi le cosiddette IPC facilities: si tratta di funzioni che permettono la comunicazione tra i task; esse implementano, per esempio, strutture elementari come le code, ma con un particolare riguardo ai meccanismi di accesso e alle possibili condizioni di blocco, e altre metodologie di comunicazione che si svolgono direttamente tra task.

Sul mercato esistono diverse soluzioni che implementano il tipo di comportamento descritto in questo capitolo: in particolare vi sono sistemi operativi interamente progettati per questo scopo, ma sono disponibili anche opportune estensioni che permettono di trasformare un sistema operativo *general purpose* in uno dotato delle funzionalità necessarie; appartengono a quest'ultima categoria le soluzioni RT-Linux e RTAI.

Supponendo di dover implementare un'applicazione di controllo numerico, costituita tipicamente da diversi processi che collaborano alla gestione dell'interfaccia utente, alla computazione, alla gestione degli input dai sensori e degli output per i trasduttori, vedremo quali tipologie di task (processi user space, task in kernel space periodici o sporadici) possono offrire le funzionalità richieste.

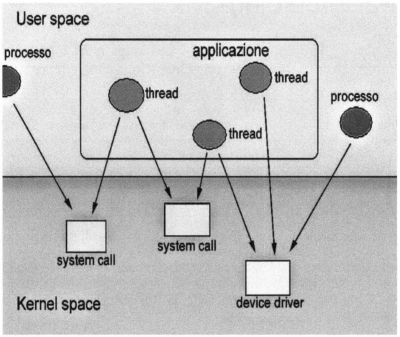

*Figura 32*

Per poter usufruire dei servizi real time occorre che l'applicazione di controllo automatico, schematizzata in figura 32, venga suddivisa in modo da garantire che i task critici siano eseguiti in ambiente real time: lasciamo in user space un solo processo che si occupi dell'interfaccia utente, e spostiamo in kernel space tutti i processi critici, trasformandoli in task real time e dando loro una priorità superiore al kernel Linux.

Applicando questi principi nell'implementazione dell'applicazione di controllo, otteniamo uno schema composto come in figura 33.

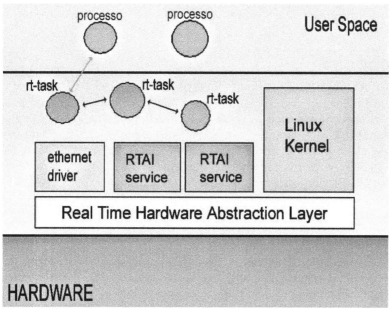

*Figura 33*

# Task real time

## Task periodici

I processi periodici rivestono un ruolo molto importante in ogni sistema real time e rappresentano la maggior parte delle attività di elaborazione. Moltissime attività si prestano a essere implementate e gestite attraverso task periodici e tra queste possiamo ricordare le attività di regolazione, acquisizione di segnali, acquisizione ed elaborazione di dati sensoriali, filtraggio, monitoraggio, comando di attuatori, ecc.

Al fine di studiare le caratteristiche degli algoritmi di schedulazione e ricavare risultati analitici sulle loro proprietà, è utile formulare alcune ipotesi semplificative sul tipo di processi considerati.

Senza introdurre eccessive semplificazioni possiamo limitarci a considerare processi che soddisfino le seguenti ipotesi (sono sostanzialmente le stesse assunzioni fatte nella presentazione degli algoritmi di schedulazione):

. Le richieste di esecuzione delle varie istanze di un processo periodico sono inoltrate a intervalli di tempo regolari. In altre parole, si assume che il periodo del task rimanga costante nel tempo.

. Il tempo di esecuzione (computation time) di un task periodico è costante nel tempo e non varia da istanza a istanza.

. La deadline associata ad un'istanza periodica coincide con la fine del periodo corrente, e quindi con l'istante in cui il task inoltra la richiesta di esecuzione successiva (questa ipotesi, nel caso di un algoritmo di scheduling di tipo deadline monotonic, viene sostituita dall'assunzione che la deadline relativa al periodo, benchè non coincidente con la fine del periodo, sia comunque costante da istanza a istanza).

## Task sporadici

Un processo sporadico, o task one-shot, è un processo che esegue in modo aperiodico il proprio codice in quanto, ad esempio, va in esecuzione a seguito del verificarsi di particolari condizioni nel sistema dette eventi (l'arrivo di un segnale, ad esempio).

In genere i processi sporadici sono attivati da input proveniente da altri processi, o dall'arrivo di un interrupt: ad esempio, un processo periodico può attivare con un messaggio di allarme un particolare processo sporadico che deve intervenire al fine di gestire una situazione critica.

> Con riferimento al precedente capitolo sulla schedulazione, si noti che considerare il task sporadico come fosse un task periodico di periodo pari al minimo tempo di interarrivo significa considerare il caso pessimo.

Se il test di schedulabilità dà esito positivo la schedulazione è garantita anche quando il task sporadico si attiva ad intervalli esattamente pari al minimo tempo di interarrivo.

## RT Linux (New Mexico)

RT Linux nasce come progetto di ricerca all'interno dell'Università del New Mexico con due obiettivi: innanzitutto si cercava un tool non proprietario per le applicazioni di controllo di strumentazione elettronica e robot, ed in seconda battuta come strumento di ricerca nell'ambito dei sistemi operativi in tempo reale.

Viktor Yodaiken, fondatore del progetto, ha in seguito creato una sua propria azienda (la FSMLabs, con sede in New Mexico), ha richiesto ed ottenuto nel 2000 un brevetto che copre l'approccio di RTLinux al problema di rendere un sistema operativo general purpose come GNU/Linux un vero sistema hard real time. Questo approccio verrà descritto dettagliatamente nel seguito.

La comunità ha avuto reazioni contrastanti all'annuncio del brevetto: a partire dal 2001, molte risorse, vale a dire molti sviluppatori indipendenti, sono confluite in RTAI, un progetto simile a RTLinux che però si è sempre mantenuto software libero.

WindRiver ha recentemente (febbraio 2007) acquisito da FSMLabs tutti i diritti e le proprietà intellettuali su RTLinux.

Per l'utilizzo in ambiti di tempo reale stretto, il kernel Linux classico non è la scelta adatta: come si è visto lo scheduler (nei kernel 2.0, 2.2 e 2.4) premia le prestazioni medie: esso cerca di assegnare ad ogni processo una fetta opportuna di risorse macchina (tempo di CPU) per ottimizzare la responsività e l'occupazione del processore. Si tratta per l'appunto di un kernel *general purpose*, e solo una modifica profonda del kernel può cambiare la politica di assegnazione di tempo di computazione in modo da garantire tempistiche predicibili. L'approccio del team di sviluppo di RTLinux è stato quello di creare un piccolo e leggero sistema operativo real time e di interporlo tra l'hardware ed il kernel Linux.

Questa idea ha comportato modifiche piuttosto lievi nel kernel Linux, il quale è sostanzialmente ignaro della presenza di processi in tempo reale che girano con priorità superiore.

> Linux diventa esso stesso un task che viene eseguito soltanto quando non ci sono task real time in esecuzione. L'intero kernel diviene pre-emptible, in quanto è essenzialmente un processo eseguito a priorità inferiore rispetto ai task real time.

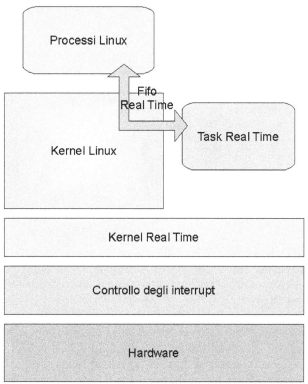

*Figura 34*

Le interruzioni hardware vengono filtrate da RTLinux, eventualmente gestite (nel caso ci siano task in tempo reale che le gestiscono), quindi passate a Linux nella forma di interruzioni software.

Il sistema operativo RTLinux non è in linea generale pre-emptible, ovvero non può essere interrotto mentre sta eseguendo una funzione, poiché però le sue routine sono piccole e rapide, questo non causa grandi ritardi.

Se eseguito su macchine ragionevolmente moderne (per intendersi, con processori a frequenze di clock di 500 MHz o superiori) è ragionevole attendersi un ritardo sotto i 15 ms.

## *RTAI*

Per trasformare Linux un sistema operativo hard real time esistono diverse soluzioni: una di queste è rappresentata da RTAI, acronimo di Real Time Application Interface; si tratta di un progetto sviluppato dal dipartimento di ingegneria aerospaziale del Politecnico di Milano e che è supportato da una vasta comunità di sviluppo aperto.

Con l'utilizzo delle librerie e dei tools che accompagnano la

*Figura 35: logo RTAI*

distribuzione di RTAI, è possibile scrivere applicazioni con vincoli temporali stretti per i campi di impiego più svariati.

RTAI non è in senso stretto un sistema operativo in tempo reale simile ai sistemi commerciali presenti sul mercato (come per esempio QNX o VXworks): è, al contrario, una estensione di Linux[16]: si tratta di layer real time, inserito tra l'hardware e Linux, che fornisce i servizi per il tempo reale e rende l'intero kernel pre-emptible.

RTAI apporta alcune lievi modifiche al kernel di Linux, e pone sotto di esso un piccolo e leggero sistema operativo in tempo reale, in modo da rendere lo stesso kernel Linux un task che ha il permesso di essere eseguito solo se non vi sono altri task real time in attesa.

---

16 RTAI *aggiunge* i servizi in tempo reale al kernel Linux, offrendo le funzionalità di un sistema operativo in tempo reale stretto.

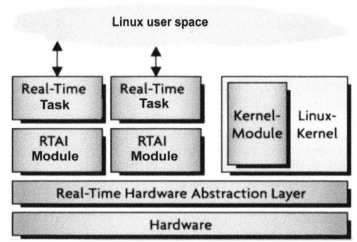

*Figura 36*

Sostanzialmente viene inserito un nanokernel, detto HAL (hardware abstraction layer) tra Linux e l'hardware, il quale si occupa di schedulare i task in tempo reale e lo stesso Linux (quando non ci sono task real time in esecuzione); gli interrupt vengono intercettati dal layer HAL e, dopo essere stati eventualmente gestiti da interrupt handler real time, vengono passati a Linux per la normale gestione delle interruzioni.
I cambiamenti operati sul kernel riguardano essenzialmente l'handling degli interrupt e le politiche di scheduling; in particolare si impone che un task Linux non sia mai in grado sia di disabilitare gli interrupt, sia di impedire di essere posto in attesa dal sistema real time.

Nelle versioni più recenti di RTAI la patch che offre le funzionalità nanokernel è ADEOS, acronimo per  Adaptive Domain Environment for Operating Systems.

Per quanto riguarda gli interrupts si fornisce un'emulazione software dell'hardware che li gestisce: tutte le richieste di interrupt vengono intercettate dalle parte real time del sistema operativo, che decide, in base all'handler associato, che cosa fare.
Se esiste un handler specifico per il sistema real time, questo viene eseguito; se invece l'interrupt è destinato a Linux, questo riceve direttamente la richiesta.
La capacità a di intercettare e redirezionare gli interrupt è garantita da un real time Hardware Abstraction Layer (RTHAL), il quale svolge questo compito mediante l'Interrupt Descriptor Table (IDT): una tabella di puntatori che definiscono dove deve

essere instradato ogni interrupt. L'attivazione o la disattivazione del nanokernel HAL corrisponde quindi a un semplice cambiamento dei valori contenuti nella IDT.

Inoltre, con questo meccanismo, il cambio di contesto tra task real time risulta molto rapido, dal momento che essi usano lo stesso spazio di indirizzamento (comportandosi in questo caso come thread di uno stesso processo).

Un aspetto negativo non trascurabile è rappresentato invece dalla possibilità di blocco completo del sistema se la temporizzazione dei task real time non è stata correttamente programmata.

Non solo la gestione degli interrupts, ma anche le politiche di scheduling rappresentano un aspetto essenziale per il comportamento del sistema real time. Dal momento che lo scheduler di un tale sistema necessita di temporizzazioni precise, RTAI utilizza un timer programmabile, la cui modalità di funzionamento dipende dal tipo di applicazione che si intende sviluppare.

## *Task real time in kernel space*

In questo tipo di soluzione si sfruttano i due entry points del modulo per occupare e rilasciare le risorse necessarie: nelle fasi iniziali, per esempio, si richiede un interrupt, si creano i canali per comunicare con altri processi e soprattutto si inizializzano i vari task che svolgeranno i compiti richiesti.

| Chiamata | Descrizione |
|---|---|
| `int init_module(void)` | Inizializzazione del modulo |
| `void cleanup_module(void)` | Rilascio delle risorse alla chiusura |

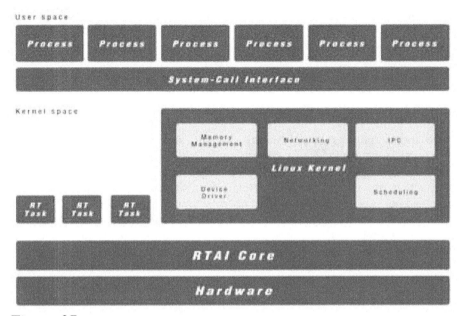

*Figura 37*

In modo corrispondente, al momento della rimozione del modulo, si eseguono le istruzioni adatte per liberare le risorse precedentemente allocate.

Una volta inserito, il modulo verrà a risvegliato sulla base della ricorrenza di determinati eventi: l'arrivo di un interrupt piuttosto che una temporizzazione periodica.

Tipicamente, in un processo real time che esegue un algoritmo di controllo, la sincronizzazione con il sistema fisico si basa sull'interrupt che quest'ultimo genera: la ISR si occupa quindi di gestire l'evento, eseguendo un handler oppure risvegliando un task e permettendo ad essi di effettuare le operazioni necessarie per il calcolo dell'azione di controllo; la definizione di opportuni task risulta invece necessaria per implementare funzionalità come l'acquisizione dati.

In ultimo, l'inclusione di meccanismi di comunicazione con altri task (real time o semplici processi in user space) diviene necessaria per permettere l'interazione del processo real time con una intefaccia utente, per la presentazione dei risultati delle operazioni in tempo reale.

Le API messe a disposizione da RTAI svolgono esattamente i compiti necessari per implementare il tipo di comportamento appena descritto: esse infatti permettono di gestire gli interrupt, i task e i vari meccanismi di comunicazione come fifo, segnali e rpc.

Dal momento che esse sono funzionalità disponibili all'interno dello spazio kernel, tutti i *real time service* forniti da RTAI sono direttamente accessibili, e il task può accedere senza restrizioni alle risorse che il sistema possiede, dalle porte di I/O alle zone di memoria.

## Task real time in user space

Occorre innanzitutto precisare che lo sviluppo di un processo real time come applicazione utente non è una caratteristica di tutti i sistemi operativi in grado di realizzare servizi in tempo reale: la soluzione presentata in questo paragrafo è strettamente legata agli strumenti offerti da Linux-RTAI.

L'approccio per task real time nello spazio utente si basa su LXRT (LinuX real time), che costituisce una interfaccia User Space alle API messe a disposizione da RTAI.

Infatti queste ultime possono essere usate, in modo completamente simmetrico, sia da task real time implementati come moduli del kernel, sia da processi Linux.

LXRT è un particolare modulo kernel che attende l'arrivo di richieste di servizio da parte dei processi in user space, svolgendo poi le operazioni necessarie al completamento di quanto domandato.

Il risultato consiste nella possibilità a di sviluppare un processo in tempo reale interamente in user space, ottenendo una serie di vantaggi:

> ➢ I processi sono eseguiti sotto la protezione della memoria garantita da Linux, prevenendo quindi blocchi del sistema nella fase di sviluppo e debug di un'applicazione.
> ➢ Lo sviluppo di applicazioni real time in user space è relativamente semplice, dal momento che esse vengono eseguite con una priorità a più alta rispetto ai processi Linux.
> ➢ Il debug dei processi risulta molto semplificato rispetto ai task in kernel space: possono essere utilizzati tutti gli strumenti standard messi a disposizione da Linux per questo scopo.

Attraverso LXRT il processo real time è in sostanza una semplice applicazione, e risiede nello spazio in cui sono presenti altri normali programmi utente, come editor di testo, debugger, browser.

> Nota: un'applicazione creata sfruttando le funzioni di LXRT può lavorare in modalità soft real time o hard real time a seconda delle esigenze, dato che il tipo di comportamento può essere deciso dinamicamente all'interno dell'applicazione.

Lo svantaggio principale è rappresentato da un leggero degrado delle prestazioni: un cambio di contesto richiede infatti maggior tempo rispetto ad un task in kernel space (si stima poco meno di 100ms contro 40ms).

Un ulteriore limite è rappresentato dai permessi per accedere alle risorse, dal momento che non sempre il processo eseguito in user space può accedere liberamente alle risorse richieste: a differenza di quanto accade in kernel space, è necessario ottenere i livelli di permesso opportuni per le risorse volute.

LXRT funziona correttamente solo se sono rispettati alcuni requisiti, che riguardano essenzialmente la capacità a di gestire task con precise esigenze di esecuzione e le modalità di utilizzo della memoria; per rispettare questi vincoli, risulta necessario che:

> La politica di schedulazione sia in grado di gestire applicazioni time-critical, che necessitano di un preciso controllo nella selezione dei task da eseguire.

> La memoria utilizzata dal processo sia locked-in, in modo da evitare eventuali paginazioni.

Un normale scheduler, come quello usato in Linux 2.4, assegna a tutti i processi una priorità a statica pari a 0.

La scelta del prossimo task da eseguire cerca di garantire come obiettivo primario una allocazione corretta della CPU: questo modo di procedere ovviamente male si adatta a quei processi che hanno precise tempistiche di esecuzione.

I processi real time hanno bisogno di una politica di schedulazione diversa: si utilizza allora quella di RTAI, dove ad essi viene assegnata una priorità a statica il cui range varia tra 1 e 99. Un processo controllato da questo scheduler potrà a quindi sempre interrompere l'esecuzione di un processo dello stesso tipo, ma a priorità a minore, o uno schedulato nella modalità classica; processi aventi la medesima priorità a sono tipicamente organizzati in code.

LXRT fa in modo di rendere visibili nello spazio utente un esteso insieme di servizi real time: le stesse API comunemente usate nel contesto di un modulo kernel possono quindi essere richiamate da una normale applicazione.

Sono inoltre disponibili gli strumenti essenziali sia per le sincronizzazioni, le *facilities* Inter Process Communication già ampiamente discusse nei precedenti capitoli.

Fondamentalmente, la chiamata effettuata nel processo in tempo reale nello spazio utente viene processata da LXRT, che decide, in base al tipo di istruzione, quale API nativa di RTAI deve essere utilizzata: in altre parole LXRT si occupa di richiamare la procedura che dovrà realmente eseguire il servizio richiesto.

Infatti, poiché i servizi real time veri e propri risiedono comunque in kernel space, è necessaria un'entità che si occupi di redirezionare le chiamate, gestendo nel modo opportuno gli eventuali *context switch* tra Linux e RTAI.

Le API utilizzabili in user space sono del tutto simili a quelle native, permettendo al programmatore di non preoccuparsi dei dettagli relativi all'ambiente in cui sviluppa la sua applicazione

Ovviamente l'effetto della chiamata risulta essere diverso rispetto a quello che si verifica nell'ambito di un modulo kernel: solo qui infatti il servizio real time è direttamente disponibile, e solo in kernel space non esiste alcun passaggio intermedio tra la richiesta e l'esecuzione effettiva.

Riassumendo, LXRT permette di gestire applicazioni in user space considerandole o come processi real time oppure come processi non real time: nel primo caso l'applicazione in oggetto verrà gestita dallo schedulatore di RTAI, nel secondo sarà a invece utilizzato lo scheduler standard di Linux.
Nel momento in cui viene richiesto un servizio real time, LXRT si occupa di effettuare le operazioni necessarie per richiamare, dallo spazio utente, le funzioni residenti all'interno del kernel.

## *Supporto ai pthread*

RTAI implementa un sottoinsieme delle funzionalità multithreading definite da Posix. Nella tabella seguente vengono presentate alcune delle principali API pthread supportate:

| Chiamata | Descrizione |
| --- | --- |
| int pthread_create(...)[17] | Crea un nuovo thread |
| int pthread_exit(...) | Il thread termina sé stesso |
| pthread_t pthread_self(void) | Ritorna l'identificativo del thread chiamante |
| int sched_yield(void) | Mette in attesa il thread chiamante fino a che tutti gli altri thread con la stessa priorità sono terminati |
| int pthread_attr_init(...) | Inizializza un oggetto attributo di pthread |
| int pthread_attr_destroy(...) | Distrugge un oggetto attributo |
| int pthread_mutex_init(...) | Crea un oggetto mutex, ovvero un semaforo |
| int pthread_mutex_destroy(...) | Distrugge un oggetto mutex inutilizzato |
| int pthread_mutex_lock(...) | Tenta di acquisire un mutex: se il mutex è già bloccato, il thread chiamante rimane sospeso |
| int pthread_mutex_trylock(...) | Tenta di acquisire un mutex: se esso è già |

17 Per i dettagli sugli argomenti si faccia riferimento alla documentazione di RTAI (http://www.rtai.org) ed alla norma Posix: (http://www.open-std.org/jtc1/sc22/WG15/)

| | |
|---|---|
| | bloccato da un altro thread, ritorna subito un codice di errore |
| `int pthread_mutex_unlock(...)` | Rilascia il mutex precedentemente acquisito |
| `int pthread_mutexattr_init(...)` | Inizializza un oggetto attributo di mutex |
| `int pthread_mutexattr_destroy(...)` | Distrugge un oggetto attributo di mutex |

Una possibile alternativa allo sviluppo di applicazioni real time in user space tramite LXRT consiste nello scrivere l'applicazione in user space facendo uso delle API pthread fornite dal sistema operativo o dalle librerie (tipicamende dalla glibc); questo permette lo sviluppo ed il debug di applicazioni in user-space, per portare in un secondo momento l'applicazione sviluppata in kernel-space, facendo uso del layer di compatibilità posix offerto da RTAI. In questo modo si possono ottenere benefici al momento dello sviluppo, senza sacrificare le prestazioni hard-real time richieste in ambiente di produzione.

## *Primitive di sincronizzazione e comunicazione*

Per mettere in comunicazione un processo sotto RTAI-Linux e un processo nativo di Linux, in questo testo si è scelto di utilizzare i FIFO; tra le primitive di comunicazione tra task real time, i FIFO rappresentano un canale di comunicazione anche tra lo spazio del kernel e lo spazio utente attraverso cui è possibile inviare o ricevere dei blocchi di dati.

Esiste un modulo di RTAI che gestisce le FIFO e le sue operazioni basilari come la bufferizzazione, la sincronizzazione, le operazioni bloccanti, quelle non bloccanti ed infine quelle bloccanti con time-out; è possibile svegliare un task quando è presente un dato sul FIFO (ovvero usare un messaggio sul FIFO come un segnale).

Il FIFO, nell'implementazione fornita con RTAI, è un canale unidirezionale; volendo un canale bidirezionale è necessario aprire due FIFO, uno in scrittura e l'altro in lettura.

> La FIFO non è l'unica IPC fornita da RTAI per trasferire dati tra task, esistono anche la gestione di shared memory, le remote procedure calls, le message queues e le mailbox.

La shared memory è  una zona di memoria con un preciso indirizzo, ovvero un nome (il quale deve essere conosciuto da tutti i task coinvolti e deve essere unico), da cui e in cui è possibile leggere e scrivere direttamente i dati.
L'implementazione RTAI delle shared memory fornisce un meccanismo simile alle shared memory di Unix System V,  pur essendone piuttosto differente nell'implementazione.Il vantaggio è che non si deve copiare nessun dato in un canale di comunicazione (la memoria è la stessa per tutti i processi).
Lo svantaggio è che non si può sapere se una zona di memoria è stata modificata, per bloccare una zona in scrittura occorre ricorrere ai sefamori; per questi motivi è difficile utilizzare la memoria condivisa per sincronizzare o comunicare eventi tra processi.

Una buona soluzione, nel caso di ampie quantità di dati da trasmettere, potrebbe essere quella di usare un FIFO o un segnale per comunicare la presenza o l'avvenuta elaborazione di un blocco di dati, e di utilizzare la memoria condivisa per accedere in scrittura o in lettura al blocco dati.

Non si è utilizzata la memoria condivisa per i programmi presentati in questo testo a causa della complessità nella gestione degli accessi contemporanei, come si accennava generalmente risolti con l'utilizzo di mutex.

Se la velocità della vostra applicazione è un requisito importante, e se tutte le possibili ottimizzazioni sono già state implementate, allora diminuire i brevi tempi di latenza dovuti alla copia dei dati tra un task ed un altro potrebbe essere una soluzione, in questo caso la scelta migliore risulta essere la memoria condivisa.

# 7. Real Time Ethernet

> The Real Programmers typically came out of engineering or physics
> backgrounds. They were often amateur-radio hobbyists.
>
> Eric S. Raymond

Le tecnologie real time ethernet presenti stabilmente sul mercato sono spesso associate a prodotti proprietari, noti soprattutto nell'ambito dell'automazione industriale; si tratta di combinazioni di hardware specifico e software di controllo proprietario. Alcuni di questi prodotti sono centrati sulla brevità del tempo di ciclo (ovvero la chiusura del loop di controllo automatico), oppure sulla massima accuratezza nella sincronizzazione.

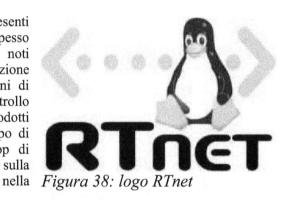

*Figura 38: logo RTnet*

E' chiaro che sono necessari apparati hardware ad-hoc per garantire i vincoli temporali deterministici nell'ambito di una tecnologia (quella ethernet) che è per definizione non deterministica. Il problema viene aggirato facendo uso di switches progettati per il tempo reale, di schede equipaggiate con controller ethernet modificati per la gestione deterministica dell' I/O.

In situazioni che richiedono vincoli meno stringenti di temporizzazione vengono usate soluzioni software con prestazioni inferiori, ma in grado di utilizzare componentistica standard; al contrario di soluzione hardware-based, queste tecnologie soffrono spesso del problema di garantire prestazioni che *soltanto in media* rispettano i vincoli temporali, soprattutto con condizioni di carico della rete medio-basse.

L'utilizzo di protocolli come il TCP/IP rappresenta inoltre un ulteriore insormontabile problema se si vogliono implementare in software soluzioni per il tempo reale, poiché le prestazioni del protocollo TCP sono orientate alla affidabilità della comunicazione, con controllo di errore sulla numerazione dei pacchetti e richiesta di re-invio per i pacchetti mancanti; questa scelta progettuale va nella direzione opposta alle esigenze di una tecnologia di rete con vincoli di tempo reale stretto.

In questa situazione di mercato si evidenziano alcuni sforzi della comunità OSFF per riempire la nicchia tra le tecnologie hard real time implementate in hardware e le soluzioni soft real time implementate interamente in software; uno di questi progetti, sviluppato presso l'*Institut für Systems Engineering* dell'Università di Hannover, va ad occupare un posto importante nello scenario delle comunicazioni in tempo reale: il progetto RTnet si posiziona esattamente tra i sistemi hardware-embedded in tempo reale stretto e le implementazioni software per il tempo reale lasco; non è dipendente da nessun *vendor* specifico di NIC ed offre un framework che offre protocolli e strumenti di configurazione e monitoraggio di reti ethernet in tempo reale.

Si pone l'obbiettivo di offrire prestazioni hard real time attraverso comuni interfacce e componentistica ethernet, senza richiedere il progetto di costosi device dedicati.

## *Descrizione della tecnologia RTnet*

RTnet è un framework software per lo scambio di dati sotto vincoli di tempo reale stretto, la sua implementazione corrente si basa su moduli per le estensioni RTAI.
L'approccio RTnet mira a due obiettivi: la non dipendenza da uno specifico hardware di rete per il supporto delle comunicazioni real time, ed il contemporaneo supporto della maggior parte dei NIC disponibili sul mercato, attraverso l'implementazione di driver real time per le schede di rete più comuni.
RTnet permette inoltre la gestione di comunicazioni non real time attraverso la rete, negli slot temporali lasciati liberi dal traffico real time.

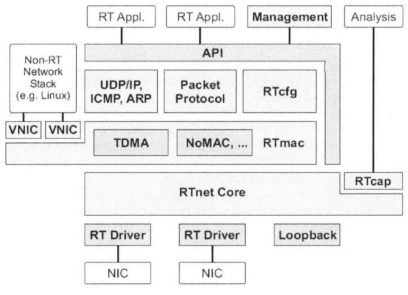

*Figura 39*

L'indeterminatezza intrinseca della tecnologia ethernet è data in buona misura dal fenomeno delle collisioni: la presenza contemporanea sul mezzo fisico di segnali differenti, che possono interferire tra loro, distruggendo la comunicazione.

Questo, in ambito non real time, non è generalmente un problema, poiché è sufficiente rispedire il pacchetto perduto dopo un ritardo casuale: nelle comunicazioni general purpose il comportamento non deterministico di questo sistema non genera complicazioni, poiché mediamente le prestazioni della rete ethernet sono ampiamente accettabili, anche sotto un carico elevato.

Quando si tratta di sincronizzare sistemi in tempo reale attraverso una rete ethernet, però, il ritardo e soprattutto la non predicibilità del comportamento della rete in presenza di collisioni risulta non accettabile. La soluzione proposta da RTnet si basa sull'implementazione di un approccio TDMA alle comunicazioni real time sul mezzo fisico.

> La tecnologia TDMA (Time Division Multiple Access) RTnet si basa sulla divisione in slot temporali: il computer Master definisce un intervallo di tempo, detto TDMA_CYCLE, che viene suddiviso in sottointervalli (slot), ognuno dei quali viene associato ad una delle macchine connesse.

Supponendo di stabilire un master tra le macchine connesse, tutte le altre macchine saranno configurate come slave, e ad ognuna verrà assegnato un preciso slot temporale in cui potrà accedere al mezzo fisico.

Il master invia periodicamente dei pacchetti che sincronizzano gli slave: l'accesso al mezzo fisico deve essere effettuato evitando quanto più possibile le collisioni, quindi viene applicata una regolamentazione TDMA sull'accesso al cavo ethernet.
Questa implementazione del TDMA (time division multiple access) viene controllata dal master che definisce un tempo TDMA_CYCLE (che di default è impostato pari a 5000ms) ed un offset TDMA_OFFSET (di default impostato a 200ms).

Il master accede al mezzo fisico nel primo slot 0-200ms, il primo slave si vede assegnato il secondo slot 200-400ms, al terzo slave avrà il terzo slot 400-600ms, eccetera; quando si giunge al tempo pari al TDMA_CYCLE, ricomincia il ciclo con lo slot assegnato al master.
Questo garantisce che (in assenza di altro traffico sulla rete) non ci siano collisioni. L'eventuale traffico non real time generato dai computer appartenenti al sistema, viene trasferito sul mezzo fisico solo quando non c'è traffico real time.

> Nota: per il corretto funzionamento del sistema è necessario che nessun computer che non appartenga al sistema master-slaves acceda al mezzo fisico.

## *Implementazione di un "protocol stack" real time*

La libreria del progetto RTnet permette prestazioni hard real time con un'implementazione fortemente deterministica dello stack dei protocolli: i protocolli tradizionali utilizzano una certa quantità di risorse ad accesso competitivo, che possono introdurre ritardi non predicibili nell'utilizzo. Le componenti software introdotte da RTnet sono state progettate con una particolare attenzione al tempo massimo di esecuzione/accesso, per offrire e mantenere uno stack con prestazioni non dipendenti dal carico di sistema.

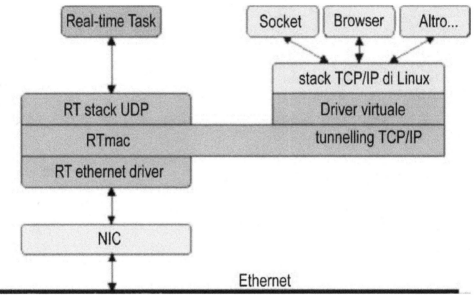

*Figura 40*

RTnet offre uno stack UDP/IP, ICMP ed ARP rispondenti ai vincoli di tempo reale stretto: si può sapere con certezza, ad un dato istante di tempo, se un pacchetto inviato da una applicazione real time si trova sul mezzo fisico (ovvero sul cavo ethernet).

Un ulteriore servizio fornito dalla libreria è l'interfaccia socket classica BSD, in modo da rendere semplice il porting di applicazioni esistenti verso questa architettura. Le applicazioni possono accedere alla comunicazione sia attraverso l'interfaccia raw ethernet, sia attraverso servizi orientati al pacchetto, come appunto il protocollo UDP/IP.

## *Gestione dei pacchetti*

Quando l'applicazione real time fa uso dello stack offerto da RTnet per trasmettere dati, i pacchetti in uscita passano attraverso stack ed accedono al mezzo trasmissivo. Al contrario, i pacchetti in arrivo vengono dapprima ricevuti dal driver della scheda e da qui passati al cosiddetto *stack manager*: si tratta di un task in tempo reale il quale discrimina i pacchetti a seconda del tipo di protocollo utilizzato da ciascuno, passandoli quindi ai rispettivi *handlers*.

> Importante: la priorità dello *stack manager* deve essere superiore a quella di tutti i task real time che utilizzino i servizi RTnet, in modo da evitare conflitti di priorità.

Lo stack manager ed i driver di device RTnet utilizzano, per gestire i buffer di pacchetti, una struttura dati chiamata `rtskb`.

I task che fanno uso di pacchetti RTnet devono creare dei *pools* di `rtskb` per accedere alla comunicazione. Durante l'esecuzione, nuove strutture dati di tipo `rtskb` vengono allocate da questi *pools*.

Lo stack UDP/IP, come è implementato in RTnet, contiene alcuni meccanismi software per limitare quanto più possibile gli effetti di ritardo della deframmentazione sul socket di ricezione: nei classici stack di rete, la deframmentazione è gestita dal livello IP, prima che protocolli di livello superiore (come appunto il protocollo UDP) siano coinvolti nel processo. Questo sistema richiede che sia allocata una struttura di `rtskb` per la memorizzazione (o meglio, la bufferizzazione) di tutti i frammenti IP, prima che l'ultimo frammento arrivi; l'aggiunta di un nuovo frammento IP ad una comunicazione aperta implica un controllo (*lookup*) nella lista globale di tutte le comunicazioni IP aperte in quel determinato istante.

Inoltre, le comunicazioni incomplete (costituite da frammenti IP non terminati) devono essere svuotate entro un timeout, per evitare lo riempimento dei buffer e per mantenere piccola la lista globale dei frammenti IP.

## *NIC device driver*

Le schede di rete vengono gestite da driver in tempo reale che si interfacciano con lo stack utilizzando un'interfaccia simile a quella dei driver Linux classici. Questo rende semplice il porting a RTnet dei driver standard Linux per il supporto di schede ethernet non ancora supportate.

L'inizializzazione, la configurazione e lo spegnimento del dispositivo di rete viene eseguito in un contesto non real time sotto RTnet. E' richiesta solamente l'implementazione del meccanismo di sincronizzazione del sistema operativo real time sottostante.

Ulteriori estensioni rispetto al driver standard sono state implementate per fornire servizi con una accurata temporizzazione: l'architettura RTnet non fa dipendere la temporizzazione delle comunicazioni dai clock propri delle schede di rete (che spesso nelle schede a basso costo non sono disponibili), bensì usa il clock del sistema.

Il driver deve fornire la funzionalità di salvare il timestamp in un pacchetto uscente e spedire il pacchetto stesso in modo atomico, in modo che il timestamp scritto sul pacchetto sia effettivamente (con una latenza minore possibile) quello di partenza del pacchetto.

## *Verifica delle prestazioni*

Per pensare di utilizzare il framework RTnet nell'implementazione di un sistema real time distribuito, è necessario verificare il livello di performance fornito da RTnet.

Supponendo di avere come obiettivo l'inserimento del framework RTnet come layer di comunicazione in un sistema di simulazione di controllo numerico, andiamo a verificare quali prestazioni possiamo attenderci.

Naturalmente l'introduzione di uno stack UDP/IP (ovvero di un ulteriore strato di software) per quanto ottimizzato, introduce un leggero sovraccarico rispetto all'utilizzo delle funzioni raw `rt_eth_send_raw()` e `rt_eth_recv_raw()`.

Per verificare le prestazioni della sola parte di comunicazione tra task real time residenti sulle due diverse macchine, è opportuno isolare i due task che comunicano, eliminando dall'ambiente operativo i task dedicati alla computazione, residenti sulla macchina adibita al controllo numerico.

Si osservi che la schedulazione ed i tempi di esecuzione di questi task non sono critici per il sistema di controllo numerico: nella peggiore delle ipotesi le latenze introdotte sono di un ordine di grandezza inferiori rispetto ai quelle incontrate nell'ambito della comunicazione su interfaccia ethernet.

## *Configurazione hardware/software utilizzata*

Nelle prove si è fatto uso delle seguenti macchine:

| Processore | AMD Athlon 900 MHz | Cyrix P166+ 133MHz |
|---|---|---|
| Memoria | 768 Mbytes DRAM | 64 Mbytes RAM |
| Scheda ethernet | RealTek 8139 | RealTek 8139 |
| Kernel | Linux 2.6.10 + patch ADEOS | Linux 2.6.10 + patch ADEOS |
| Compilatore | GNU gcc 3.2.2 | GNU gcc 3.2.2 |
| RTAI | RTAI v. 3.2 stable | RTAI v. 3.2 stable |
| RTnet | Rtnet 0.8.3 | Rtnet 0.8.3 |

Per entrambe le configurazioni, il driver rtnet utilizzato per la scheda ethernet è rt_8139too.

I sistemi sono connessi attraverso le rispettive schede di rete tramite un cavo ethernet incrociato base-T CAT5.

Per analizzare le prestazioni della comunicazione real time su mezzo ethernet, è sufficiente utilizzare un tool (distribuito con la libreria RTnet) per calcolare il round-trip-time: un real time task client lancia dei pacchetti UDP, ognuno dei quali porta come dato il tempo della macchina client, sull'interfaccia ethernet verso un real time task in attesa sul server, il quale li riceve e li rimanda indietro al client.

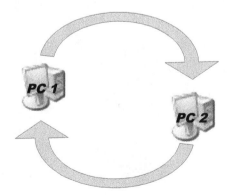

Al ritorno del pacchetto il client calcola il tempo di andata e ritorno del pacchetto stesso, sottraendo al tempo attuale il dato letto nel segmento dati del pacchetto UDP.

Poiché negli esperimenti sono coinvolti 2 computer, il TDMA_CYCLE deve essere impostato ad un valore (almeno) doppio di quello di TDMA_OFFSET; nelle prove effettuate per cercare di abbassare quanto più possibile il valore di questi tempi si è ottenuto un valore di TDMA_CYCLE di 260ms (e quindi offset=130ms) che, con la configurazione hardware e software utilizzata ha permesso di mantenere stabile il sistema.

Tutte le prove effettuate impostando il sistema con questi valori hanno mostrato la massima stabilità sia del sistema operativo (ovvero, non si sono presentati blocchi o crash delle macchine) sia delle comunicazioni (non si sono evidenziati valori del round trip time anormalmente elevati, ad indicare una perdita di sincronia tra le due macchine).

Il lettore è invitato ad effettuare questo esperimento sulle macchine di cui dispone.

In figura 41 è rappresentato un diagramma dei valori RTT ottenuti[18].

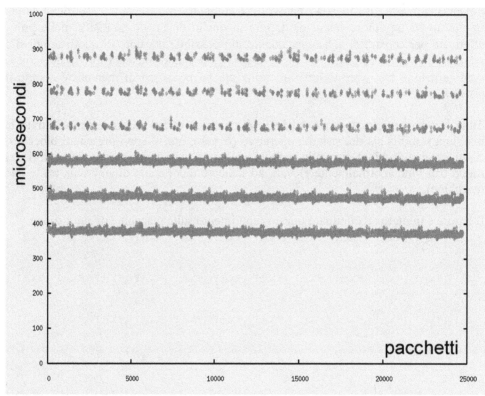

*Figura 41: Round trip time su RTnet*

18 - sono state effettuate numerose prove, variando i parametri e la frequenza di invio da parte del client, testando configurazioni sia con master la macchina Athlon , sia con master la macchina Cyrix, scambiando quindi client e server del programma per il round-trip-time. Il grafico rappresentato in questa pagina è relativo ad un esperimento con la macchina Cyrix come master.

## Conclusioni

Per l'utilizzo della tecnologia ethernet sotto RTAI-Linux gli approcci possibili sono due: accedere direttamente al driver ethernet nei task in tempo reale che girano in kernel space, o fare uso della librerie RTnet.

Il primo metodo è piuttosto radicale: attraverso le chiamate ethernet raw è possibile ottenere le prestazioni migliori, a patto di assicurarsi la totale assenza di traffico non real time sul mezzo fisico, ed al prezzo di scrivere (e debuggare) codice a basso livello per l'input e l'output sulla rete, e di gestire a livello di progetto l'intera sincronizzazione. In pratica, l'unico scenario realistico per questo approccio risulta essere il collegamento point-to-point tra due host attraverso un cavo ethernet incrociato.

I vantaggi della libreria RTnet sono naturalmente quelli di uno stack vero e proprio, con un'API completa (benché naturalmente il protocollo TCP ne sia escluso) e nel supporto di numerose schede di rete (praticamente tutte quelle più diffuse).

Un altro vantaggio sta nella possibilità di utilizzare la banda non occupata da comunicazioni real time per il comune traffico di rete non in tempo reale.

Gli svantaggi risiedono nell'overload rispetto al semplice trasmissione di pacchetti ethernet raw e nei vincoli del rispetto dello slot TDMA.

> Una parte del progetto RTnet si sta evolvendo verso il supporto della tecnologia FireWire, un'altro gruppo sta sviluppando driver per il supporto di schede Gigabit Ethernet; questo permetterà il porting di eventuali applicazioni real time verso altre tecnologie di connessione, con bandwidth ancora maggiori.

Se consideriamo il termine *real time* non con il solo significato di "veloce" ma anche e soprattuto nell'accezione di "predicibile", visti i risultati di grande affidabilità e stabilità dimostrati nelle prove, questa libreria può certamente essere considerata un sostanziale passo avanti nella comunicazione in tempo reale stretto tra processi che risiedono su host differenti.

# Parte terza

# 8. Test e misure

Questo capitolo presenta alcuni esperimenti sul campo che il lettore è invitato a replicare, per valutare le prestazioni reali del sistema RTAI-Linux: l'informazione primaria che ci aspettiamo da queste prove consiste nella conferma delle performance attese.

Gli approcci possibili, per misurare le prestazioni di un sistema real time, si riconducono a due metodologie: usare il clock del sistema stesso per ottenere i dati sui tempi (misurando quindi la differenza tra il tempo realmente trascorso e quello atteso), oppure usare una strumentazione esterna al sistema (generatori di funzioni, oscilloscopi, altri computer) per misurare i tempi di risposta.

Il primo approccio non richiede ulteriori attrezzature ed è relativamente semplice da implementare: nelle architetture x86 è stata introdotta, a partire dal processore Intel Pentium, l'istruzione rdtsc (read time stamp counter) – che fornisce su sistemi single-core un preciso timer del processore. Si tenga conto, nell'usare questo metodo, che non si potrà comunque avere nella misura una risoluzione migliore della precisione del clock di sistema; inoltre l'inevitabile deriva potrebbe sfalsare misure effettuate per tempi lunghi.

Il secondo approccio, benchè richieda la disponibilità di strumentazione tarata, permette una valutazione precisa a piacere delle prestazioni real time del sistema: la precisione della misura dipende solo dalla qualità degli strumenti utilizzati (per esattezza, dalla risoluzione temporale dello strumento meno preciso).

Un ulteriore obiettivo, una volta confermata la bontà del sistema, potrebbe poi essere quello di stabilire l'affidabilità dell'architettura hardware e software: un indicatore possibile è l'esecuzione dei task in tempo reale per almeno 24 ore consecutive senza crash o blocchi del sistema; in questa ottica, il lettore interessato potrà trovare in questo capitolo alcuni spunti per creare test prestazionali da effettuare sulle proprie macchine.

I risultati mostrati in questo capitolo sono stati ottenuti con un PC Celeron Coppermine a 700 MHz con 192 MB di RAM, Linux 2.6.10 con RTAI 3.3; la distribuzione di partenza è una Ubuntu Hoary.

## *Indicatori statistici*

Nel caso il lettore intendesse effettuare misure sui tempi di esecuzione di task real time attraverso chiamate al clock della macchina o al time stamp counter (in RTAI sono disponibili primitive come `rt_get_time()` per leggere il tempo con la massima precisione offerta dall'architettura hardware), facciamo cenno ai principali indicatori statistici per l'analisi numerica delle misure ottenute.

In statistica la **varianza** è un indice di dispersione. Viene solitamente indicata con $\sigma^2$ (dove $\sigma$ è la deviazione standard).
L'espressione per la varianza, nell'ambito della statistica descrittiva, è:

$$\sigma^2 = \frac{1}{n} \sum_{i=1}^{n} (x_i - \mu)^2$$

dove $\mu$ rappresenta la media aritmetica dei valori $x_i$.

La varianza è un indicatore di dispersione in quanto è nulla solo nei casi in cui tutti i valori siano uguali tra di loro (e pertanto uguali alla loro media) e cresce con il crescere delle differenze reciproche dei valori. Trattandosi di una somma di valori (anche negativi) al quadrato, è evidente che la varianza non sarà mai negativa.

La **deviazione standard** o **scarto quadratico medio** è un indice di dispersione (vale a dire una misura di variabilità di una popolazione o di una variabile casuale) derivato direttamente dalla varianza, che ha la stessa unità di misura dei valori osservati.
Si ricordi invece che la varianza ha come unità di misura il quadrato dell'unità di misura dei valori di riferimento.

# Cattura degli interrupts

## Esperimento con onda quadra (task periodico)

Si supponga di voler testare il funzionamento di un task periodico che commuti l'uscita di un pin della porta parallela.

Per analizzare con l'oscilloscopio l'uscita della porta parallela è sufficiente collegare la sonda ad una semplice graffetta inserita nel pin 2 della porta parallela del PC[19]

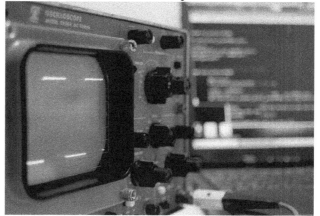

*Figura 42*

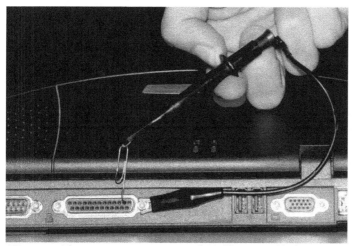

*Figura 43: connessione sonda alla parallela*

Come si può vedere, il codice del task periodico che genera l'onda quadra è semplicissimo:

_____

19 Si veda l'appendice 1 per i dettagli sulla porta parallela

```
void MyThread (long t)
{
  int j;
  j = 0;
  while (1)
      {
      if (j==0)
            j = 1;
      else
            j = 0;
      outb (j, LPT);
      rt_task_wait_period ();
      }
}
```

Al caricamento del modulo è necessario settare questo task come periodico:

```
int init_module (void)
{
RTIME tick_period;
rt_printk ("Installazione modulo realtime OQ (onde
quadre).\n");
rt_linux_use_fpu (0);
rt_task_init (&Fast_Task, Fast_Thread, 0, 2000, 0, 0, 0);
tick_period = start_rt_timer (nano2count (TIMERTICKS));
rt_task_make_periodic(&MyTask, rt_get_time () + SLOW *
tick_period, FAST * tick_period);
return 0;
}
```

Il risultato ottenuto si può visualizzare sullo schermo dell'oscilloscopio (figura 44)

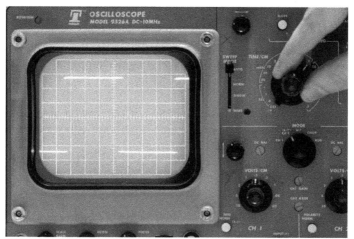

*Figura 44*

Il problema che si presenta è quello di controllare che il task si svegli effettivamente ad intervalli regolari: si osservi che l'oscilloscopio rappresenta il segnale, sincronizzando la base tempi sulle caratteristiche del segnale stesso, quindi attraverso questo approccio non si possono evidenziare comportamenti sub-critici: non vedremo "ballare" la traccia dell'oscilloscopio, a meno che il ritardo nel commutare l'uscita non diventi tanto grande da essere paragonabile al semiperiodo dell'onda generata.

> Suggerimento: si potrebbe aggirare il problema facendo calcolare al task stesso il massimo divario tra il tempo previsto di sveglia ed il tempo reale, fornito dalla primitiva RTAI `rt_get_time_ns()`.

Nota: i risultati che si otterranno con questa tecnica non saranno completamente affidabili, poiché il clock del sistema è utilizzato per misurare se stesso: possiamo dire che l'accuratezza della frequenza di un task periodico dipende in larga misura dalla deriva del clock di sistema.

E' opportuno inoltre provare a mettere sotto stress il sistema operativo non real time, per esempio richiedendo una ricompilazione del kernel, e verificare se questo causa un peggioramento nella qualità dell'onda generata e nelle latenze calcolate dal task periodico.

## *Esperimento con gli interrupt*

Per la gestione degli interrupt è necessario installare un interrupt handler real time, preposto a catturare le interruzioni prima che venga eseguita la ISR standard del kernel Linux.

Nel nostro caso la funzione principale dell'handler sarà quella di generare un segnale in uscita sulla porta parallela, in modo da poter analizzare attraverso un oscilloscopio, il ritardo rispetto all'arrivo del segnale di interrupt.
Un'altra possibile funzione potrebbe essere quella di segnalare ad un processo in user space l'arrivo e la corretta gestione dell'interrupt: questo verrà messo in pratica attraverso delle primitive di comunicazione real time offerte da RTAI; in particolare attraverso un FIFO.

Un'altra delle cose che il real time handler deve generalmente fare è quella di *passare* l'interrupt al kernel Linux, che provvederà a gestirlo con le opportune routine; questo allo scopo di poter usare, sotto Linux, le periferiche che fanno uso di quello specifico interrupt: eseguendo delle prove con l'interrupt della porta seriale (cui generalmente corrisponde l'irq numero 4), si imposta il modulo RTAI-Linux che cattura l'interrupt, in modo che, terminata l'esecuzione del codice dell'handler, passi poi l'informazione al kernel Linux (il che permette, ad esempio, di utilizzare normalmente il mouse seriale, anche in ambiente grafico X-window).

Per simulare il sistema di controllo automatico, vedremo di introdurre dapprima uno, poi due ulteriori task, i quali vengano svegliati dal messaggio proveniente dall'handler. I task sono infatti bloccati sulla chiamata `rt_receive_until()`, che mette il task nello stato *BLOCKED*, in attesa del messaggio.

Per realizzare questi test occorre scrivere un handler che si occupi semplicemente di commutare l'uscita del pin2 della porta parallela, ogni qualvolta arriva un interrupt: questo ci permette di visualizzare attraverso l'oscilloscopio il trapping dell'interrupt da parte di RTAI, la conseguente esecuzione dell'handler, e quindi il passaggio dell'interrupt a Linux, per la sua gestione standard.

Installazione handler:

```
int init_module(void)
{
   int errore;
   rtf_create_using_bh(MYFIFO, 20000, 0);
   rt_set_oneshot_mode();
   start_rt_timer(1000);
   rt_printk("\nInstallazione Modulo IRQ");
```

```
    if((errore=rt_request_global_irq(NUMERO_IRQ,irq_handle
r))!=0)
        {
        rt_printk("Errore nell'installazione.\n");
        return -1;
        }
    else
        rt_printk ("Irq-handler installato.\n");
    rt_enable_irq(NUMERO_IRQ);
    outb(0x10,CONTROL);
    return 0;
}
```

Nelle prove successive si potrà anche generare una porta in uscita (sul pin2 della porta parallela), ponendo a 1 logico l'uscita, effettuando una chiamata rt_busy_sleep(...) e quindi ponendo di nuovo l'uscita a 0 logico.

Le prove qui descritte riguardano gli interrupt numero 4 (corrispondente alla porta seriale, nel caso del nostro PC questa porta è utilizzata dal mouse, muovendo il quale si possono generare gli interrupt) e numero 7 (provenienti dalla porta parallela, e generati dal fronte di salita di un'onda quadra che convoglieremo sul pin10 della parallela stessa).

Nel caso dell'interrupt sulla porta parallela le prove andranno effettuate collegando il PC, il generatore di funzioni ed un oscilloscopio elettronico come mostrato in figura 45.

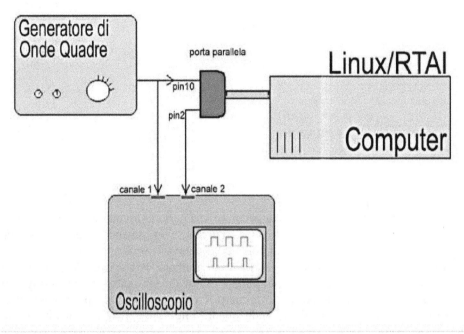

*Figura 45: schema dell'esperimento con IRQ7*

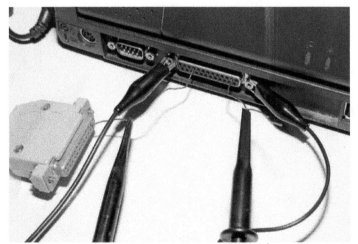

*Figura 46: connessione input ed output sulla porta parallela*

Nel caso che l'handler si limiti a commutare l'uscita della porta, come mostrato nel pezzo di codice seguente:

```
void irq_handler(void)
{
rt_pend_linux_irq(NUMERO_IRQ); // passo l'interrupt...

if (pin==0)
     pin=1;
else
     pin=0;
outb(pin,LPT);
//     rt_enable_irq(NUMERO_IRQ);
}
```

se in ingresso diamo un'onda quadra (e non rettangolare), quello che avremo ottenuto in uscita è sostanzialmente il prodotto di un divisore di frequenza.

In figura 47 il canale uno (input onda quadra) è rappresentato in basso, il canale due (uscita porta parallela) è rappresentato nella parte alta.

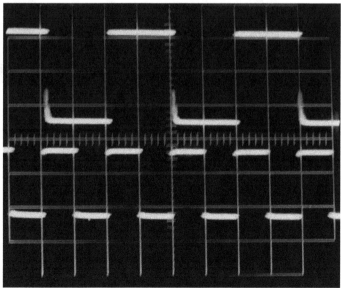

*Figura 47: divisore di frequenza*

Modificando l'handler in modo da inviare una porta in uscita:

```
void irq_handler(void)
{
   rt_pend_linux_irq(NUMERO_IRQ); // passo l'interrupt...
   outb(1,LPT);
   rt_busy_sleep(50000);
   outb(0,LPT);
   // rt_enable_irq(NUMERO_IRQ);
}
```

è possibile ottenere come risposta un'onda rettangolare.

Naturalmente, variando il numero di nanosecondi di attesa tra il fronte di salita ed il fronte di discesa della porta, si possono ottenere figure estremamente variabili, con l'unico vincolo di mantenere il tempo della chiamata `rt_busy_sleep()` inferiore al periodo dell'onda quadra in ingresso.

*Figura 48*

porte molto strette (figura 49), più larghe

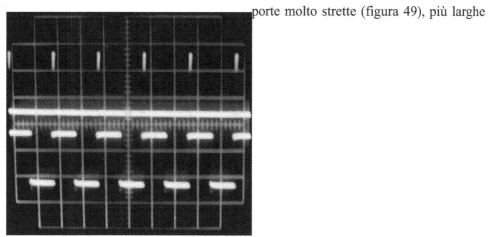

*Figura 49*

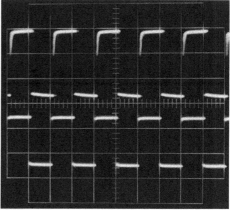

*Figura 50*

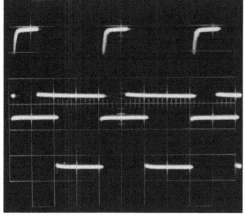

*Figura 51*

Per valutare le prestazioni del sistema RTAI-Linux in risposta all'interrupt ingrandiremo la rappresentazione sull'oscilloscopio, agendo sulle regolazioni della base tempi, misurando poi la distanza tra il fronte di salita dell'onda quadra e della risposta del PC (figura 52). Si osservi che nelle prossime figure l'input è nella parte superiore dello schermo, mentre l'output è nella parte inferiore.

Come si può vedere, il segnale sul canale due ha un ritardo, rispetto al canale uno, di circa 2 quadretti, che, considerando uno jitter di circa 1,5 o 2 quadretti, possono arrivare a 4 quadretti.

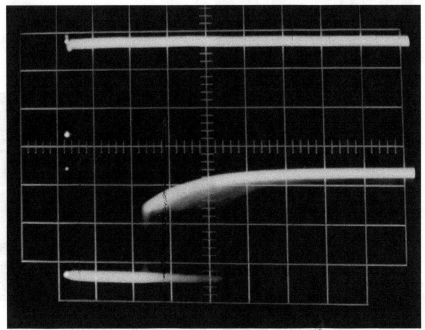

*Figura 52: misura della latenza su schermo*

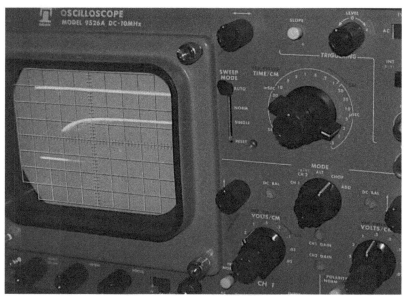

*Figura 53*

Guardando la figura 53 e, con un maggiore dettaglio, l'ingrandimento di figura 54 si può vedere che un quadretto sullo schermo corrisponde a 2 ms; questo significa che, considerando lo jitter, la massima latenza che ci possiamo aspettare dal sisema RTAI-Linux in esame, in risposta ad un interrupt è intorno agli 8 microsecondi.

*Figura 54: regolazione base tempi*

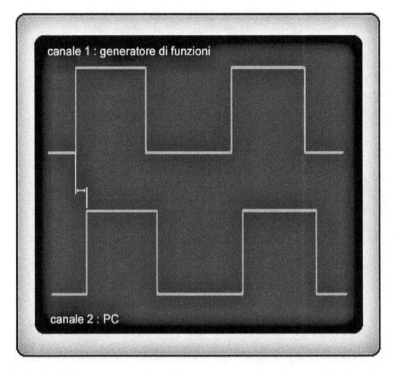

*Figura 55*

L'esperimento qui descritto può servire a valutare le prestazioni del sistema RTAI/Linux in risposta ad un interrupt hardware esterno: nei test effettuati dall'autore il ritardo con cui si presenta l'onda quadra sul canale 2 si attesta sempre su valori inferiori ai 10 microsecondi (si vedano le figure 55 e 52).

Il lettore che disponga di un oscilloscopio è invitato ad effettuare le prove descritte in questo capitolo; nel caso non si disponesse di un generatore di funzioni per l'onda quadra, è possibile usare un secondo PC con RTAI-Linux, avviando un task periodico che commuti l'uscita della parallela ad intervalli regolari.

Supponendo di aver scritto un interrupt-handler che si occupi semplicemente di commutare l'uscita del pin2 della porta parallela ogni qualvolta arriva un interrupt, si potrebbe voler verificare la stabilità del sistema al variare della frequenza degli interrupt: in questo caso non è utile usare l'interrupt seriale (generalmente associato all'IRQ 4), poiché il minimo tempo di interarrivo supportato dalla porta seriale è ampiamente al di sopra del tempo di risposta di RTAI-Linux.
Utilizzando la stessa porta parallela (di solito associata all'IRQ 7) come input, è

possibile generare un treno di interrupt, corrispondenti al fronte di salita di un'onda quadra che andrà convogliata sul pin10: aumentando la frequenza della funzione in ingresso, si potrà variare il carico del sistema real time, a discapito dei processi Linux.

Attenzione: nelle prove a frequenze crescenti è bene non spingersi sino al crash del PC per evitare danni al filesystem; in base ai test effettuati dall'autore, su macchine recenti è ragionevole attendersi il corretto funzionamento del sistema sino a frequenze dell'onda quadra intorno ai 20kHz; avvicinandosi alla soglia critica[20] si avrà dapprima un blocco del kernel Linux, con impossibilità di utilizzare programmi utente, ed infine, salendo ancora con la frequenza, un crash generale della macchina.

---

20 Il valore in frequenza oltre il quale un interrupt non viene correttamente gestito in quanto la macchina è occupata nell'esecuzione del codice relativo al precedente interrupt.

# Appendice 1

## *La porta parallela*

La porta parallela a livello hardware è vista e controllata tramite tre registri contigui da 8bit, più precisamente il Data Register, lo Status Register e il Control Register.

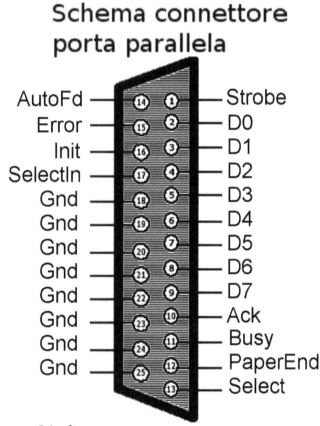

*Figura 56: diagramma connettore*

Il significato dei singoli bit all'interno dei registri è spiegato nelle tabelle seguenti, dove sono inoltre distinti i bit che corrispondono a linee di output (O), linee di input (I) e non collegati ( / ).
Si ponga attenzione al fatto che ad alcuni bit (quelli con il segno - posposto) è

associato un segnale hardware invertito.

Data register

| Bit | I/O | Numero pin |
|-----|-----|------------|
| D0  | O   | 2          |
| D1  | O   | 3          |
| D2  | O   | 4          |
| D3  | O   | 5          |
| D4  | O   | 6          |
| D4  | O   | 7          |
| D6  | O   | 8          |
| D7  | O   | 9          |

Status Register

| Bit  | I/O | Numero pin | Descrizione |
|------|-----|------------|-------------|
| S0   | I   | /          | /           |
| S1   | I   | /          | /           |
| S2   | I   | /          | /           |
| S3   | I   | 15         | error       |
| S4   | I   | 13         | select      |
| S5   | I   | 12         | paper end   |
| S6   | I   | 10         | ack         |
| S7 - | I   | 11         | busy        |

Control Register

| Bit | I/O | Numero pin | Descrizione |
|-----|-----|------------|-------------|
| C0 - | O | 1 | strobe |
| C1 - | O | 14 | autofd |
| C2 | O | 16 | init |
| C3 - | O | 17 | select in |

Solitamente i registri sono accessibili a livello hardware partendo dall'indirizzo base della porta (378h per LPT1 e 278h per LPT2, qualora sulla macchina siano disponibili due porte parallele).

Ad esempio, per la prima porta parallela i registri si trovano ai seguenti indirizzi:

| | |
|---|---|
| Data Register | 378h |
| Status Register | 379h |
| Control Register | 37ah |

La porta parallela presenta quindi dei segnali (cinque linee di ingresso e dodici di uscita) associati ai bit dei registri, generalmente usati per il controllo della stampante; nel codice presentato in questo testo non si fa uso dello status register, ma solo del control register e del data register.

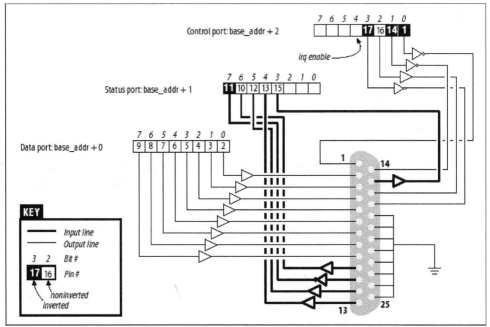

*Figura 57: registri*

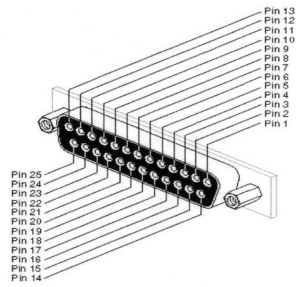

*Figura 58: pinout connettore parallela*

# Appendice 2

## *Installazione di un ambiente di sviluppo RTAI*

People sometimes ask me if it is a sin in the Church of Emacs to use vi.
Using a free version of vi is not a sin; it is a penance.

Richard Stallman

Inizieremo con l'identificazione dei requisiti necessari per ottenere un sistema di sviluppo basato su RTAI-Linux; innanzitutto è necessario disporre di un computer (in questa appendice, come nel resto del libro, abbiamo assunto che l'architettura di sviluppo sia basata su x86), preferibilmente con almeno un disco rigido da dedicare in toto all'installazione di GNU/Linux. E' assolutamente opportuno, se sul computere già installata una distribuzione Linux o un altro sistema operativo, effettuare una copia di backup di tutti i documenti ed i files prima di mettere mano al sistema.

Poiché non ci limiteremo ad una installazione standard del kernel è da mettere in preventivo una certa quantità di errori, crash e reinstallazioni che accompagnano quasi sempre le attività sperimentali.

E' necessario disporre di una distribuzione recente di GNU/Linux (in questo testo è stata usata una Ubuntu basata su kernel 2.6.10): se disponete già di una macchina con una distribuzione basata su Linux 2.6, andrà benissimo: in caso contrario, installate una edizione stabile della distribuzione che preferite (l'autore suggerisce una distribuzione debian-based, per la semplicità e la potenza offerta dal sistema di pacchettizzazione deb).

Una volta che si abbia una installazione GNU/Linux funzionante sulla propria macchina, occorre scaricare un kernel vanilla corrispondente alla versione utilizzata dalla distribuzione; generalmente i vendor applicano opportune patch ai kernel delle loro distribuzioni: il comando

`uname -r` (oppure `uname -a`)

vi darà le informazioni sulla versione del kernel del vostro sistema; scaricate dall'indirizzo http://www.kernel.org [21] il kernel corrispondente.

E' necessario ora individuare la versione di RTAI che supporta il kernel della vostra distribuzione (negli esempi di questo testo, con il kernel 2.6.10 è stata usata la versione RTAI 3.3); documentazione aggiornata e downloads sono reperibili

---

[21] per architetture differenti da x86, sarà necessario rivolgersi ad altri repository, come per esempio http://www.linux-mips.org per i processori MIPS, oppure http://www.arm.linux.org.uk per gli ARM

all'indirizzo http://www.rtai.org.

Una volta scaricato e decompresso il file dei sorgenti RTAI, si può verificare quali kernel sono supportati guardando quali patches sono presenti nella distribuzione RTAI. Nel caso di RTAI 3.3 i kernel supportati sono:
per la serie 2.4: 2.4.30, 2.4.31, 2.4.32
per la serie 2.6: 2.6.10, 2.6.11, 2.6.12, 2.6.13, 2.6.14, 2.6.15

In queste pagine, supporremo di creare nella nostra home una directory RTAI-Linux, in cui decomprimeremo i sorgenti delle versioni scelte del kernel e di RTAI.

Per la decompressione dei file, creiamo innanzitutto la directory ~/RTAI-Linux:

```
$ cd ~
$ mkdir RTAI-Linux
$ cd RTAI-Linux
```

una volta scaricati nella directory appena creata i file compressi dei sorgenti del kernel e di RTAI, passiamo a decomprimerli:

```
$ tar -xvzf linux-2.6.10.tar.gz

$ tar -xvjf rtai-3.3.tar.bz2
      oppure:
$ bunzip2 rtai-3.3.tar.bz2
$ tar -xf rtai-3.3.tar
```

Per comodità possiamo creare dei soft link che puntino alle directory appena decompresse[22].

```
$ ln -s rtai-3.3 rtai
$ ln -s linux-2.6.10 linux
```

al termine di queste operazioni, sul sistema si dovranno avere queste directory
~/RTAI-Linux/linux-2.6.10

---

22 Nota: questa operazione non è strettamente necessaria

```
~/RTAI-Linux/rtai-3.3
```

anche accessibili attraverso i soft link
```
~/RTAI-Linux/linux
~/RTAI-Linux/rtai
```

Passiamo ora ad effettuare la configurazione: come prima cosa applichiamo la patch Adeos al kernel:

```
$ cd linux
$ patch -p1 < ../rtai/base/arch/i386/patches/hal-linux-2.6.10-i386-
r12.patch
```

Adesso è il momento di configurare il kernel: le possibilità offerte in questa operazione sono tante che il lettore è rimandato a testi specifici sull'argomento, quale ad esempio "Linux Kernel in a nutshell" pubblicato da O'Reilly.
Naturalmente nella configurazione di Linux non si potrà prescindere dall'abilitare il caricamento dei moduli ed il supporto Adeos.

```
$ cp arch/i386/defconfig .config
$ make oldconfig
$ make xconfig
        oppure
$ make menuconfig
```

passiamo alla compilazione del kernel

```
$ make clean
$ make bzImage
$ make modules
```

per l'installazione del kernel, le seguenti operazioni vanno eseguite come utente root

```
$ su
```

```
# make modules-install
# mkinitrd /boot/initrd-2.6.10.img 2.6.10
# cp arch/i386/boot/bzImage /boot/vmlinuz-2.6.10
# exit
$
```

Passiamo ora alla configurazione di RTAI[23]

```
$ cd ~/RTAI-Linux/
$ mkdir rtai-build
$ cd rtai-build
$ make -f ../rtai/makefile
$ xconfig
```

terminata la configurazione, compiliamo:

```
$ make
```

ed infine installiamo RTAI (anche qui le operazioni vanno eseguite come root)

```
$ su
# make install
# exit
$
```

per testare il sistema RTAI-Linux appena installato è necessario configurare il proprio bootloader (tipicamente LILO o GRUB) in modo da inserire il nuovo kernel tra le opzioni di avvio ed infine riavviare la macchina.

```
$ su
# shutdown -h now
```

Una volta riavviata la macchina ed effettuato il boot con il nuovo kernel, proviamo ad eseguire un test di RTAI:

---

23 nella directory ~/RTAI-Linux/rtai si troverà il file README.INSTALL, la cui attenta lettura è assolutamente consigliata.

```
$ su
# cd /usr/real time/testsuite/kern/latency
# ./run
```

Se tutto è andato bene, dovremmo vedere a video i risultati dei test sulla latenza del nostro nuovo sistema operativo hard real time.

## Nota "storica"

Qualche anno fa, la procedura standard per la compilazione di un kernel consisteva nel decomprimere i sorgenti nella directory /usr/src/, ottenendo quindi il source tree del kernel in /usr/src/linux-2.x.y, quindi creare un soft link "linux" in /usr/src[24] :

```
# ln -s linux-2.x.y linux
```

fatto questo, era necessario spostarsi nella directory /usr/src/linux per eseguire i comandi:

```
# make mrproper
# make menuconfig
# make bzImage
```

Attualmente viene data molta più attenzione alle problematiche di sicurezza attraverso di controllo degli utenti - si cerca perciò di limitare il più possibile l'accesso alle risorse della macchina con i privilegi di root: come abbiamo visto è consigliato spostare il kernel tree in un'opportuna sottodirectory della propria home: di tutte le operazioni di configurazione e compilazione di un nuovo kernel per il proprio sistema, soltanto la fase di installazione (ovvero l'esecuzione di make install, e di make modules install ) richiede i privilegi di root per essere eseguita; lo stesso discorso si applica naturalmente anche all'installazione delle estensioni RTAI.

---

24 - naturalmente era necessario essere *root* per fare tutto questo: si era soliti entrare direttamente nel sistema come root ed effettuare tutte le operazioni di compilazione ed installazione con i massimi privilegi.

# Appendice 3

## *Codice modulo IRQ7*

In questa appendice è presentato un piccolo progetto RTAI, completo di Makefile.
Il lettore è invitato a testare questo codice sul proprio PC, e naturalmente a modificarlo per le proprie esigenze ed i propri test[25].

Nella directory ~/RTAI-Linux/ create una sottodirectory irq7:

```
$ cd ~/RTAI-Linux/
$ mkdir irq7
$ cd irq7
```

Salvate i sorgenti descritti nel seguito all'interno di questa directory.

---

25 Una copia in formato elettronico dei sorgenti presentati in questa appendice può essere richiesta all'autore inviando una mail a *gl.demichelis@gmail.com*

Programma user space per la lettura da FIFO: *check.c*

```
// check.c
// Processo di Check per IRQ handler
// legge i dati dal fifo proveniente da RTAI

#include <stdio.h>
#include <errno.h>
#include <fcntl.h>
#include <unistd.h>
#include <sched.h>

void main (void)
{
  int c, cmd0, count = 0, nextcount = 0;
  struct sched_param mysched;
  char wakeup;

  mysched.sched_priority = 99;

  if (sched_setscheduler (0, SCHED_FIFO, &mysched) == -1)
    {
      puts ("Errore nel settaggio dello scheduler");
      perror ("errno");
      exit (1);
    }

  if ((cmd0 = open ("/dev/rtf0", O_RDONLY)) < 0)
    {
      fprintf (stderr, "Errore nell'apertura del
Fifo.\n");
      exit (1);
    }
  while (1)
    {
      read (cmd0, &c, sizeof (c));
      printf ("Leggo dal fifo: %d.\n", c);
    }
}
```

Compilate questo programma semplicemente con il comando:
```
$ gcc check.c -o check
```
Modulo real time: *irq7.c*

```
/*************************************************
*** irq7.c
*** Modulo RTAI per controllo interrupt della porta
*** parallela in Real Time
*** Licenza GLP v.2
**************************************************/

#include <linux/module.h>
#include <linux/kernel.h>
#include <linux/errno.h>
#include <linux/signal.h>
#include <asm/io.h>
#include <rtai.h>
#include <rtai_sched.h>
#include <rtai_fifos.h>

int clkspd = 10;
MODULE_PARM(clkspd, "i");

#define MODULE_AUTHOR("gldm")
#define MODULE_DESCRIPTION("RTAI interrupt 7 handler")
#define MODULE_LICENSE("GPL v2")

#define LOAD 830
#define MYFIFO 0
#define LPT 0x378
#define CONTROL 0x37a
#define TIMERTICKS 200000

static int NUMERO_IRQ=7;
static int count=0;
static int pin;

// handler associato all'arrivo dell'INTERRUPT n.7
void irq_handler(void)
{   //codice da eseguire quando arriva l'interrupt
    rt_pend_linux_irq(NUMERO_IRQ); // passo a Linux
                                   //l'interrupt...
    count++;
    rtf_put(MYFIFO,&count,sizeof(count));
    /*******************************************
    // commuta l'uscita sul Pin2
```

```
        if (pin==0)
                pin=1;
        else
                pin=0;
        outb(pin,LPT);
        ******************************************/
        // genera una porta sul Pin2
        outb(1,LPT);
        rt_busy_sleep(50000);
        outb(0,LPT);
        //rt_enable_irq(NUMERO_IRQ);// su alcune
                                //distribuzioni è
                                //necessario
}

// inizializzazione del modulo RealTime
int init_module(void)
{
    int errore;
    rtf_create_using_bh(MYFIFO, 20000, 0);
    rt_set_oneshot_mode();
    start_rt_timer(1000);
    rtf_create(MYFIFO,20000);
    rt_printk("\nInstallazione Modulo IRQ
%d\n",NUMERO_IRQ);
    if ((errore =
rt_request_global_irq(NUMERO_IRQ,irq_handler))!=0)
        {
        rt_printk("Errore nell'installazione
dell'handler.\n");
        return -1;
        }
    else
        rt_printk ("Irq-handler installato.\n");
    rt_enable_irq(NUMERO_IRQ);
    outb(0x10,CONTROL);
    return 0;
}


// codice per svuotare il fifo e liberare l'interrupt
// alla rimozione del modulo
```

```
void cleanup_module(void)
{
    rtf_destroy(MYFIFO);
    stop_rt_timer();
    rt_free_global_irq(NUMERO_IRQ);
    rt_printk("\nModulo IRQ disinstallato.\n");
}
```

Makefile:

```
obj-m            := irq7.o
EXTRA_CFLAGS     := -I/usr/realtime/include \
                    -D__IN_RTAI__

default:
    make -C ../linux M=$(HOME)/RTAI-Linux/irq7/ modules

clean:
    rm *~ *.o *.ko
    make -C ../linux M=$(HOME)/RTAI-Linux/irq7/ clean
```

Si osservi che questo Makefile presuppone che l'utente compili con il comando:

```
$ sudo make
```

Se la distribuzione del lettore non supportasse il comando sudo, il Makefile dovrà essere cambiato sostituendo alla variabile $(HOME) il percorso assoluto; è riportato a titolo esemplificativo questo Makefile:

```
obj-m            := irq7.o
EXTRA_CFLAGS     := -I/usr/realtime/include \
                    -D__IN_RTAI__

default:
 make -C ../linux M=$/home/gldm/RTAI-Linux/irq7/ modules

clean:
  rm *~ *.o *.ko
  make -C ../linux M=$/home/gldm/RTAI-Linux/irq7/ clean
```

in questo caso la compilazione andrà effettuata con il comando:

```
$ su
# make
```

Per utilizzare gli script RTAI creiamo un file **.runinfo** (si noti il punto davanti), che deve contenere solo questa stringa:

```
irq7:ksched+fifos:push irq7;./check;popall:control_c
```

Creiamo infine un file chiamato **run** contenente questa stringa:

```
/usr/realtime/bin/rtai-load
```

Rendiamolo eseguibile con il comando:

```
$ chmod a+x ./run
```

Per caricare i moduli RTAI ed installare l'handler *irq7* è ora sufficiente dare il comando:

```
$ sudo ./run
```

oppure, se la distribuzione non supporta sudo, scriviamo:

```
$ su
# ./run
```

# Appendice 4

## GNU GPL v.2

### GNU GENERAL PUBLIC LICENSE
Version 2, June 1991

```
Copyright (C) 1989, 1991 Free Software Foundation, Inc.
51 Franklin St, Fifth Floor, Boston, MA  02110-1301, USA

Everyone is permitted to copy and distribute verbatim
copies
of this license document, but changing it is not allowed.
```

### Preamble
The licenses for most software are designed to take away your freedom to share and change it. By contrast, the GNU General Public License is intended to guarantee your freedom to share and change free software--to make sure the software is free for all its users. This General Public License applies to most of the Free Software Foundation's software and to any other program whose authors commit to using it. (Some other Free Software Foundation software is covered by the GNU Library General Public License instead.) You can apply it to your programs, too.

When we speak of free software, we are referring to freedom, not price. Our General Public Licenses are designed to make sure that you have the freedom to distribute copies of free software (and charge for this service if you wish), that you receive source code or can get it if you want it, that you can change the software or use pieces of it in new free programs; and that you know you can do these things.

To protect your rights, we need to make restrictions that forbid anyone to deny you these rights or to ask you to surrender the rights. These restrictions translate to certain responsibilities for you if you distribute copies of the software, or if you modify it.

For example, if you distribute copies of such a program, whether gratis or for a fee, you must give the recipients all the rights that you have. You must make sure that they, too, receive or can get the source code. And you must show them these terms so they know their rights.

We protect your rights with two steps: (1) copyright the software, and (2) offer you this license which gives you legal permission to copy, distribute and/or modify the software.

Also, for each author's protection and ours, we want to make certain that everyone understands that there is no warranty for this free software. If the software is modified by someone else and passed on, we want its recipients to know that what they have is not the original, so that any problems introduced by others will not reflect on the original authors' reputations.

Finally, any free program is threatened constantly by software patents. We wish to avoid the danger that redistributors of a free program will individually obtain patent licenses, in effect making the program proprietary. To prevent this, we have made it clear that any patent must be licensed for everyone's free use or not licensed at all.

The precise terms and conditions for copying, distribution and modification follow.

## TERMS AND CONDITIONS FOR COPYING, DISTRIBUTION AND MODIFICATION

**0.** This License applies to any program or other work which contains a notice placed by the copyright holder saying it may be distributed under the terms of this General Public License. The "Program", below, refers to any such program or work, and a "work based on the Program" means either the Program or any derivative work under copyright law: that is to say, a work containing the Program or a portion of it, either verbatim or with modifications and/or translated into another language. (Hereinafter, translation is included without limitation in the term "modification".) Each licensee is addressed as "you".

Activities other than copying, distribution and modification are not covered by this License; they are outside its scope. The act of running the Program is not restricted, and the output from the Program is covered only if its contents constitute a work based on the Program (independent of having been made by running the Program). Whether that is true depends on what the Program does.

**1.** You may copy and distribute verbatim copies of the Program's source code as you receive it, in any medium, provided that you conspicuously and appropriately publish on each copy an appropriate copyright notice and disclaimer of warranty; keep intact all the notices that refer to this License and to the absence of any warranty; and give any other recipients of the Program a copy of this License along with the Program.

You may charge a fee for the physical act of transferring a copy, and you may at your option offer warranty protection in exchange for a fee.

**2.** You may modify your copy or copies of the Program or any portion of it, thus forming a work based on the Program, and copy and distribute such modifications or work under the terms of Section 1 above, provided that you also meet all of these conditions:

> **a)** You must cause the modified files to carry prominent notices stating that you changed the files and the date of any change.

> **b)** You must cause any work that you distribute or publish, that in whole or in part contains or is derived from the Program or any part thereof, to be licensed as a whole at no charge to all third parties under the terms of this License.

> **c)** If the modified program normally reads commands interactively when run, you must cause it, when started running for such interactive use in the most ordinary way, to print or display an announcement including an appropriate copyright notice and a notice that there is no warranty (or else, saying that you provide a warranty) and that users may redistribute the program under these conditions, and telling the user how to view a copy of this License. (Exception: if the Program itself is interactive but does not normally print such an announcement, your work based on the Program is not required to print an announcement.)

These requirements apply to the modified work as a whole. If identifiable sections of that work are not derived from the Program, and can be reasonably considered independent and separate works in themselves, then this License, and its terms, do not apply to those sections when you distribute them as separate works. But when you distribute the same sections as part of a whole which is a work based on the Program, the distribution of the whole must be on the terms of this License, whose permissions for other licensees extend to the entire whole, and thus to each and every part regardless of who wrote it.

Thus, it is not the intent of this section to claim rights or contest your rights to work written entirely by you; rather, the intent is to exercise the right to control the distribution of derivative or collective works based on the Program.

In addition, mere aggregation of another work not based on the Program with the Program (or with a work based on the Program) on a volume of a storage or distribution medium does not bring the other work under the scope of this License.

**3.** You may copy and distribute the Program (or a work based on it, under Section 2) in object code or executable form under the terms of Sections 1 and 2 above provided that you also do one of the following:

> **a)** Accompany it with the complete corresponding machine-readable source code, which must be distributed under the terms of Sections 1 and 2 above on a medium customarily used for software interchange; or,

> **b)** Accompany it with a written offer, valid for at least three years, to give any third party, for a charge no more than your cost of physically performing source distribution, a complete machine-readable copy of the corresponding source code, to be distributed under the terms of Sections 1 and 2 above on a medium customarily used for software interchange; or,

> **c)** Accompany it with the information you received as to the offer to distribute corresponding source code. (This alternative is allowed only for noncommercial distribution and only if you received the program in object code or executable form with such an offer, in accord with Subsection b above.)

The source code for a work means the preferred form of the work for making modifications to it. For an executable work, complete source code means all the source code for all modules it contains, plus any associated interface definition files, plus the scripts used to control compilation and installation of the executable. However, as a special exception, the source code distributed need not include anything that is normally distributed (in either source or binary form) with the major components (compiler, kernel, and so on) of the operating system on which the executable runs, unless that component itself accompanies the executable.

If distribution of executable or object code is made by offering access to copy from a designated place, then offering equivalent access to copy the source code from the same place counts as distribution of the source code, even though third parties are not compelled to copy the source along with the object code.

**4.** You may not copy, modify, sublicense, or distribute the Program except as expressly provided under this License. Any attempt otherwise to copy, modify, sublicense or distribute the Program is void, and will automatically terminate your rights under this License. However, parties who have received copies, or rights, from you under this License will not have their licenses terminated so long as such parties remain in full compliance.

**5.** You are not required to accept this License, since you have not signed it. However, nothing else grants you permission to modify or distribute the Program or its derivative works. These actions are prohibited by law if you do not accept this License. Therefore, by modifying or distributing the Program (or any work based on the Program), you indicate your acceptance of this License to do so, and all its terms and conditions for copying, distributing or modifying the Program or works based on it.

**6.** Each time you redistribute the Program (or any work based on the Program), the recipient automatically receives a license from the original licensor to copy, distribute or modify the Program subject to these terms and conditions. You may not impose any further restrictions on the recipients' exercise of the rights granted herein. You are not responsible for enforcing compliance by third parties to this License.

**7.** If, as a consequence of a court judgment or allegation of patent infringement or for any other reason (not limited to patent issues), conditions are imposed on you (whether by court order, agreement or otherwise) that contradict the conditions of this License, they do not excuse you from the conditions of this License. If you cannot distribute so as to satisfy simultaneously your obligations under this License and any other pertinent obligations, then as a consequence you may not distribute the Program at all. For example, if a patent license would not permit royalty-free redistribution of the Program by all those who receive copies directly or indirectly through you, then the only way you could satisfy both it and this License would be to refrain entirely from distribution of the Program.

If any portion of this section is held invalid or unenforceable under any particular circumstance, the balance of the section is intended to apply and the section as a whole is intended to apply in other circumstances.

It is not the purpose of this section to induce you to infringe any patents or other property right claims or to contest validity of any such claims; this section has the sole purpose of protecting the integrity of the free software distribution system, which is implemented by public license practices. Many people have made generous contributions to the wide range of software distributed through that system in reliance on consistent application of that system; it is up to the author/donor to decide if he or she is willing to distribute software through any other system and a licensee cannot impose that choice.

This section is intended to make thoroughly clear what is believed to be a consequence of the rest of this License.

**8.** If the distribution and/or use of the Program is restricted in certain countries either by patents or by copyrighted interfaces, the original copyright holder who places the Program under this License may add an explicit geographical distribution limitation excluding those countries, so that distribution is permitted only in or among countries not thus excluded. In such case, this License incorporates the limitation as if written in the body of this License.

**9.** The Free Software Foundation may publish revised and/or new versions of the General Public License from time to time. Such new versions will be similar in spirit to the present version, but may differ in detail to address new problems or concerns.

Each version is given a distinguishing version number. If the Program specifies a version number of this License which applies to it and "any later version", you have the option of following the terms and conditions either of that version or of any later version published by the Free Software Foundation. If the Program does not specify a version number of this License, you may choose any version ever published by the Free Software Foundation.

**10.** If you wish to incorporate parts of the Program into other free programs whose distribution conditions are different, write to the author to ask for permission. For software which is copyrighted by the Free Software Foundation, write to the Free Software Foundation; we sometimes make exceptions for this. Our decision will be guided by the two goals of preserving the free status of all derivatives of our free software and of promoting the sharing and reuse of software generally.

**NO WARRANTY**

**11.** BECAUSE THE PROGRAM IS LICENSED FREE OF CHARGE, THERE IS NO WARRANTY FOR THE PROGRAM, TO THE EXTENT PERMITTED BY APPLICABLE LAW. EXCEPT WHEN OTHERWISE STATED IN WRITING THE COPYRIGHT HOLDERS AND/OR OTHER PARTIES PROVIDE THE PROGRAM "AS IS" WITHOUT WARRANTY OF ANY KIND, EITHER EXPRESSED OR IMPLIED, INCLUDING, BUT NOT LIMITED TO, THE IMPLIED WARRANTIES OF MERCHANTABILITY AND FITNESS FOR A PARTICULAR PURPOSE. THE

ENTIRE RISK AS TO THE QUALITY AND PERFORMANCE OF THE PROGRAM IS WITH YOU. SHOULD THE PROGRAM PROVE DEFECTIVE, YOU ASSUME THE COST OF ALL NECESSARY SERVICING, REPAIR OR CORRECTION.

**12.** IN NO EVENT UNLESS REQUIRED BY APPLICABLE LAW OR AGREED TO IN WRITING WILL ANY COPYRIGHT HOLDER, OR ANY OTHER PARTY WHO MAY MODIFY AND/OR REDISTRIBUTE THE PROGRAM AS PERMITTED ABOVE, BE LIABLE TO YOU FOR DAMAGES, INCLUDING ANY GENERAL, SPECIAL, INCIDENTAL OR CONSEQUENTIAL DAMAGES ARISING OUT OF THE USE OR INABILITY TO USE THE PROGRAM (INCLUDING BUT NOT LIMITED TO LOSS OF DATA OR DATA BEING RENDERED INACCURATE OR LOSSES SUSTAINED BY YOU OR THIRD PARTIES OR A FAILURE OF THE PROGRAM TO OPERATE WITH ANY OTHER PROGRAMS), EVEN IF SUCH HOLDER OR OTHER PARTY HAS BEEN ADVISED OF THE POSSIBILITY OF SUCH DAMAGES.

# Riferimenti bibliografici

## *Libri*

- A. Silberschatz, P. B.Galvin, G. Gagne, "Sistemi Operativi", Apogeo 2005
- A. Tanenbaum, S. Woodhull, "Sistemi Operativi, progetto ed implementazione", Prentice Hall International 1997
- Alessandro Rubini, "Linux device driver - 2nd edition", O'Reilly
- Moshe Bar, "Linux File system", Mc Graw Hill 2002
- Cristophe Blaess, "Programmation système en C sous Linux", Eyrolles 2003
- F. Cottet, E. Groulleau, "Systèmes temps réel de contrôle-commande", Dunod 2005
- B. Kernighan, D. Ritchie,"Linguaggio C", seconda edizione, Jackson 1989
- W. Richard Stevens, "UNIX network programming - volume 2", second edition, Prentice Hall 1998
- Eric S. Raymond, "The Art of UNIX Programming", Addison Wesley 2004
- Marc J. Rochkind, "Advanced UNIX Programming", second edition, Addison Wesley 2003
- Greg Kroah-Hartman, "Linux Kernel in a nutshell", O'Reilly 2006
- Doug Abbott, "Linux for Embedded and real time Applications", Newnes 2003
- Bradford Nichols, Dick Buttlar, Jacqueline Proulx Farrel, "Pthreads programming", O'Reilly 1998
- Michael Barr, Anthony Massa, "Programming Embedded Systems", second edition, O'Reilly 2006
- Karim Yaghmour, "Building Embedded Linux Systems", O'Reilly 2003
- Rafeeq Ur Rehman, Christopher Paul, "The Linux Development Platform", Prentice Hall 2003

## WhitePapers, Howto, Articoli

> Herman Bruyninckx, "real time and Embedded Guide", 2002
> Karim Yaghmour, "Adaptive Domain Environment for Operating Systems"
> Peter J. Salzman, Michael Burian, Ori Pomerantz, "The Linux Kernel Module Programming Guide", ver.2.6.1, maggio 2005
> VictorYodaiken and Michael Barabanov, "A real time Linux," ftp://luz.cs.nmt.edu/pub/rtlinux/papers/usenix.ps.gz
> Michael Barabanov, "Getting started with real time Linux", VJY Associates, 1999
> Marcus Kuhn, "a Vision for Linux 2.2 - Posix Compatibility and real time Support", settembre 1998
> Craig Peacock, "Interfacing the Standard Parallel Port", febbraio 1998
> Pramode C.E., "Linux Through an Oscilloscope", Linux Gazette, issue 95, ottobre 2003
> Pramode C.E., "A simple Pulse Width Modulation trick with Linux/RTAI", Linux Gazette, issue 97, dicembre 2003
> Pramode C.E., "Simple Joystick control of a servo motor with RTAI/Linux", Linux Gazette, issue 101, aprile 2004
> P.J. Radcliffe, "Linux: A Clear Winner for Hardware I/O", Linux Gazette, issue 112, marzo 2005
> Sreejith N., "Digital Speed Controller using RTAI/Linux", Linux Gazette, issue 118, settembre 2005
> David and Philip Chong, "Linux Analog to Digital Converter", Linux Gazette, issue 118, settembre 2005
> Jan Kiszka, Robert Schwebel,"The alternative: RTnet", A&D Newsletter, ottobre 2004
> Jan Kiszka, Bernardo Wagner, Yuchen Zhang, Jan Broenink, "RTnet - a flexible hard real-time networking framework", 2005
> Lineo, "Lineo's Real Time Capability", settembre 2000
> Ravi Gupta, "Linux 2.6 for Embedded Systems", 2005
> D.i.s.t., "Schedulazione Real Time", Università degli studi di Genova, Facoltà di Ingegneria
> Riku Sikkonen, "Linux I/O port programming mini-HOWTO", 1999